Facebook per tutti

CHIARA CINI

APOGEO

POCKETCOLOR

Facebook per tutti

Autore: Chiara Cini

Socio Unico Giangiacomo Feltrinelli Editore srl
Via Andegari 6 – 20121 Milano (Italy)
Telefono: 02-725721 Fax: 02-26116334
Email: apogeo@apogeonline.com
Sito web: www.apogeonline.com

ISBN: 978-88-503-3257-1

Editor: Federica Dardi
Realizzazione editoriale: Edimatica S.r.l.
Copertina e progetto grafico: Enrico Marcandalli

Finito di stampare nel mese di maggio 2018
presso LegoDigit S.r.l. – Lavis (TN)

Indice

Introduzione

Chi non ha mai sentito parlare di Facebook? Sebbene i numeri dichiarati siano sempre molto discussi e di recente si stia registrando un aumento del trend di abbandono della piattaforma, restano circa un miliardo gli utenti attivi ogni mese nel mondo, circa 24 milioni gli iscritti qui in Italia. Persone che trovano lavoro grazie a un Gruppo di Facebook, aziende che lo usano per mostrare al mondo le loro sfilate, adolescenti che fanno i bulli online, amori che nascono e finiscono e molto altro ancora.

Si tratta di un social network dall'enorme complessità: uno spazio aperto a chiunque, in cui creare un profilo che diventa un biglietto da visita online. Ma è anche un luogo di relazione, dove riprodurre la nostra rete sociale per chiacchierare con gli amici in maniera più o meno pubblica ed essere aggiornati sulle novità dando un'occhiata al loro profilo. Data la sua grandissima diffusione, è anche uno strumento per promuovere la propria attività professionale trovando facilmente il pubblico più interessante. Infine, è un luogo dove coltivare le nostre passioni e divertirci. Quale altra soluzione ci consente di fare così tante cose, in maniera gratuita?

Queste opportunità portano con sé anche possibili rischi: quasi tutto ciò che facciamo su Facebook è potenzialmente visibile da altre persone e connota dunque la nostra reputazione online. È importante quindi acquisire tutti gli strumenti necessari a essere più consapevoli delle azioni che svolgiamo e del pubblico che vogliamo abilitare alla visione di ognuna delle nostre attività.

Cosa trovi in questo libro

Il nostro percorso si svolgerà in diversi passi. A seconda del tuo interesse puoi consultare solo alcuni capitoli, mentre se sei alle primissime armi il consiglio è di leggere il libro da cima a fondo.

Il Capitolo 1 ti racconta a grandi linee che cos'è Facebook, qual è stata la sua curiosa storia e perché dovresti usarlo. Inoltre, fornisce un piccolo dizionario dove vengono definiti i termini più usati.

Il Capitolo 2 ti accompagna per mano nel processo di iscrizione. Una volta iscritto, ti orienta nell'interfaccia e tra le principali impostazioni del tuo account, e ti mostra come utilizzarlo da mobile e tablet.

Il Capitolo 3 è dedicato all'esplorazione dei contenuti. Qui imparerai a leggere solo le Notizie che ti interessano, a effettuare una ricerca e, sì, anche a curiosare nel profilo di un amico.

Il Capitolo 4 ti mostra come gestire il tuo profilo personale: scoprirai come aggiornarlo, che informazioni condividere e come impostarlo.

Il Capitolo 5 è dedicato alle relazioni: come fare amicizia o tagliare i ponti con qualcuno senza incappare in sgradevoli figuracce.

Il Capitolo 6 riguarda la protezione dei tuoi dati. Leggilo con attenzione per scoprire gli strumenti che ti possono tutelare al meglio.

Infine, nel Capitolo 7 parleremo di Gruppi, Pagine, Eventi, Applicazioni e Luoghi. Imparerai come usarli per divertirti e coltivare i tuoi interessi, ma anche come crearli per ottimizzare le tue attività.

Nel libro compaiono spesso due elementi.

NOTA

Le note sono piccole parentesi relative al tema che stai leggendo. Possono essere rimandi ad altre fonti o precisazioni che arricchiscono la lettura.

Box

I box sono focus più ampi; spesso introducono nuovi spunti che non è possibile affrontare nel libro, ma che ti consentono di farti un'idea e approfondire eventualmente altrove.

Per motivi di privacy, molte delle figure presenti in questo libro non mostrano i cognomi delle persone e le loro immagini di profilo sono oscurate. Nell'utilizzo di Facebook i nomi e i cognomi dei tuoi amici compariranno normalmente.

Una continua evoluzione

Questo libro è giunto alla seconda edizione: data la natura dinamica di Facebook, è stato doveroso un aggiornamento che ne raccontasse le principali novità rispetto alla prima versione stampata nel febbraio 2012.

In un anno e mezzo molte cose sono cambiate: la pagina principale di ogni utente ha subìto una riorganizzazione in un'ottica di semplificazione, le ricerche si sono fatte più complesse e trasversali grazie all'introduzione degli *hashtag*, tante piccole funzionalità sono state aggiunte per arricchire l'esperienza dell'utente nel social network e molte altre arriveranno.

L'evoluzione di Facebook è perenne e avviene a grande velocità. Per questo motivo nei prossimi mesi potresti riscontrare delle differenze tra la sua interfaccia e il contenuto di alcune di queste pagine, man mano che verranno rilasciate nuove funzionalità. Non temere: una volta comprese le logiche di funzionamento, non ti sarà difficile orientarti; inoltre tutte le maggiori novità ti verranno segnalate da opportune notifiche che ti consentiranno di imparare a usare gli strumenti nuovi nella maniera più corretta possibile.

Scrivere di un social network così complesso in un numero di pagine "pocket" ha implicato necessariamente una serie di scelte: nel corso del libro troverai la descrizione delle funzioni principali, ma potrai esplorare da solo quelle di minor utilizzo e più intuitive grazie agli strumenti che acquisirai nel corso della lettura.

Non dimenticare che puoi usare anche il Centro Assistenza di Facebook, che è completo e molto chiaro. Trovi la voce dedicata selezionando la freccia nella barra in alto a destra.

Mi impegnerò a segnalare nel mio profilo (`http://www.facebook.com/chiaracini`) le novità di Facebook nel tempo, quindi se lo desideri potrai seguire i miei aggiornamenti pubblici (imparerai come farlo nel Capitolo 5).

Un momento di transizione

Nel momento in cui queste pagine vengono scritte è stato da poco rilasciato ai primi utenti in Italia il nuovo Newsfeed, la home page a cui approda ogni utente dopo aver effettuato il login. Inoltre, è stato annunciato anche il rilascio di un nuovo strumento di ricerca, il graph search, che permetterà di effettuare ricerche molto evolute tra i dati della propria rete di amici. Anche se queste novità attualmente non sono disponibili per la totalità degli utenti, in questo libro si è scelto di trattarle, dal momento che è un approdo a cui presto tutti gli account giungeranno.

Capitolo 1

Benvenuto su Facebook

- Non un social network come tanti
- Dalla nascita a oggi
- Un po' di numeri
- Perché usare Facebook
- Il dizionario di Facebook

Facebook ti aiuta a connetterti e rimanere in contatto con le persone della tua vita: questa è la promessa che il celebre social network dichiara nella sua pagina principale. Una promessa mantenuta, che ha reso Facebook lo strumento privilegiato per trovare amici, condividere con loro contenuti, mantenere i contatti e avere a disposizione in pochi clic tutte le informazioni riguardo alle persone che fanno parte, più o meno da vicino, della nostra esistenza.

Hai l'impressione che Facebook sia una complessa macchina ricca di opportunità? Vorresti imparare a conoscerle e sfruttarle meglio? Ti trovi nel posto giusto: alla fine di questo libro sarai in grado di utilizzare questo strumento nella maniera più completa e sicura possibile.

Figura 1.1 La promessa di Facebook nella sua home page.

Non un social network come tanti

All'interno di Facebook chiunque può creare uno spazio personale, da arredare con tutte le informazioni, le esperienze e i momenti più importanti della propria vita.

I profili non sono statici, ma sono pagine che possono essere aggiornate in qualsiasi momento con contenuti di molti tipi: sulla linea del tempo si possono appuntare viaggi passati, avvenimenti importanti, album di foto e video speciali, e si può aggiornare il proprio Diario anche solo con una riflessione legata al momento attuale.

Le relazioni tra i vari profili possono essere simmetriche o asimmetriche, ed è possibile interagire con le altre persone online in maniera pubblica, privata, e anche parzialmente privata, andando a creare giorno dopo giorno una rete sociale di contatti.

NOTA

Un *social network* è uno spazio online dove le persone possono creare una rete di legami per condividere contenuti e sviluppare relazioni. I social network possono essere tematici e quindi favorire l'incontro tra persone che condividono l'interesse per un tema, per esempio Flickr per gli appassionati di fotografia (`http://www.flickr.com`), aNobii (`http.//anobii.com`) per chi ama libri e letteratura e LinkedIn (`http.//linkedin.com`) per chi vuole creare una rete professionale; oppure possono essere generalisti e quindi accogliere i temi più ampi e diversi, come nel caso di Facebook. Una volta creato il tuo profilo in poche e semplici mosse, sarai parte di un mondo popolato di persone, all'interno del quale trovare "amici" vecchi o nuovi, vicini o lontani, con cui entrare in contatto. Così facendo, ciascuno crea la propria rete (il proprio *network*), che diventa sociale nella misura in cui rende possibile intrecciare al suo interno relazioni con le persone che vi partecipano e, in questo modo, estenderlo sempre di più.

Nelle prossime pagine ripercorreremo i passaggi che hanno portato Facebook a cambiare sostanzialmente le relazioni tra le persone in soli nove anni di vita.

NOTA

Come creare e alimentare la propria rete? Lo vedremo più avanti, nel **Capitolo 5**.

Dalla nascita a oggi

In principio fu Facemash

Era l'autunno del 2003 quando il giovanissimo Mark Zuckerberg, allora diciannovenne, diede vita a Facemash durante una serata come tante nel suo dormitorio di Harvard. Abilissimo programmatore, dopo aver scaricato illegalmente l'archivio fotografico di alcune delle residenze universitarie, le mise online sul neonato sito. A questo punto, realizzò un semplice quanto efficace sistema di votazione delle ragazze più carine, comparando due foto per volta e chiedendo di votare la ragazza preferita.

In poche ore il traffico sul sito raggiunse vette inaspettate e Mark si guadagnò il richiamo ufficiale di Harvard, insieme al disappunto della popolazione femminile del campus.

Figura 1.2 Mark Zuckerberg, CEO e fondatore di Facebook. (Fonte: http://www.facebook.com/zuck.)

> NOTA
>
> Il sito facemash.com generò nelle prime ore di messa online circa 22 mila visualizzazioni, grazie a 450 visitatori.

Ma l'esplosione di interesse per il sito, chiuso dopo pochi giorni, lasciò al giovane programmatore l'intuizione di uno strumento che mancava e che poteva rendere Harvard più aperta. E, con Harvard, l'intero mondo.

Il dominio facemash.com è stato venduto alla fine del 2010 per circa 30 mila dollari. L'identità del compratore è sconosciuta.

Poi divenne Thefacebook

Pochi mesi dopo la creazione di Facemash, nel febbraio del 2004, andò online Thefacebook. La storia degli albori del sito prese una piega che nemmeno lo stesso fondatore poteva immaginare: un'esplosione impressionante di contatti.

Il successo, però, è costato caro. Pare infatti che l'idea iniziale fosse stata proposta a Mark Zuckerberg dai gemelli Winklevoss e Divya Narendra: i tre facoltosi membri della celebre università, alla luce del successo di Facemash, lo avrebbero contattato per la realizzazione di un progetto che volevano chiamare Harvard Connections. Mark Zuckerberg decise invece a loro insaputa di realizzare un progetto simile ma di più ampio respiro, che programmò dalla sua camera all'università e chiamò Thefacebook.

Pare che il processo sulla paternità di Facebook si sia concluso con l'attribuzione di 65 milioni di dollari da parte del social network ai ragazzi che ebbero l'idea in origine.

Com'è nata l'idea?

"La gente è accorsa in massa su Facemash, giusto? [...] Sono venuti perché c'erano foto di ragazze che conoscevano. La gente vuole andare su Internet e curiosare sugli amici. E allora facciamo un sito che dia a tutti quello che vogliono. Foto, profili, qualunque cosa possano cliccare, guardare. Magari cerchi una che hai conosciuto a una festa... E non parlo di un sito per cuori solitari. Io parlo di prendere l'intera esperienza sociale del college e metterla in rete. Dovrai conoscere la persona sul sito per andare oltre la tua pagina, come essere pizzicati, come un final club, ma qui siamo noi i presidenti". Mark Zuckerberg a Eduardo Saverin, nel film *The Social Network*, 2010.

L'esplosione fu immediata: nel giro di un mese si espanse da Harvard a Stanford, Columbia e Yale, e dopo soli sei mesi, nel dicembre del 2004, raggiunse il milione di iscritti.

E infine fu Facebook

Il nome definitivo, che perse l'articolo iniziale, fu registrato nell'agosto del 2005. Alla fine di quell'anno il social network raggiunse i 5 milioni e mezzo di iscritti. Da lì in poi l'aumento del numero di utenti fu costante e portò a una parallela crescita della società grazie a una serie di finanziamenti. Nel marzo del 2013, Facebook ha superato il miliardo di utenti attivi al mese.

Vuoi saperne di più?

Gli albori di Facebook ti intrigano e vuoi sapere tutto sui ragazzi a cui è stata rubata l'idea? Puoi guardare *The Social Network*, film del 2010, vincitore di tre premi Oscar e diretto da David Fincher. Ricorda che il film ha romanzato la storia reale, quindi prendi le informazioni con le pinze. Il film è tratto dal libro *Miliardari per caso – L'invenzione di Facebook: una storia di soldi, sesso, genio e tradimento*, di Ben Mezrich, edito da Sperling & Kupfer. Per notizie sempre aggiornate e ufficiali segui le diverse pagine ufficiali di Facebook (la principale: `https://www.facebook.com/facebook`).

Un po' di numeri

La crescita del numero di iscritti nel corso dei primi otto anni è stata assolutamente eccezionale (6 milioni di utenti nel dicembre 2005, 58 nel dicembre 2007, 360 milioni solo due anni dopo e 845 milioni alla fine del 2011). Sebbene nel corso degli ultimi mesi si stia registrando un picco nel numero di abbandoni, restano significativi i dati di utilizzo dello strumento, che continuano a dimostrare come il celebre sito blu sia riuscito a entrare a far parte della quotidianità delle persone.

Secondo quanto dichiarato da Facebook (fonte: `https://newsroom.fb.com/Key-Facts`) gli utenti mensili attivi hanno superato nel marzo del 2013 il miliardo, 751 milioni sono gli utenti che ogni mese hanno utilizzato i prodotti mobile di Facebook e circa 100 milioni sono gli utenti attivi mensilmente su Instagram, acquisito da Facebook nel settembre del 2012 per la modica cifra di circa un miliardo di dollari. In Italia, gli iscritti dichiarati a maggio 2013 erano circa 24 milioni.

A cosa stai pensando?

Se è possibile trovare online un social network per ogni tema o interesse, uno dei punti di forza che hanno favorito il successo di Facebook è quello di essere a tutti gli effetti un social network cosiddetto "generalista": un luogo aperto a qualunque tema e contenuto. Non a caso, la domanda che ti pone non appena effettui l'accesso è la più aperta e ampia possibile: "A cosa stai pensando?". In altre parole, sin dalle prime righe Facebook ti invita a raccontare tutto ciò che vuoi. Sul tuo profilo puoi esporti come preferisci, con i tuoi pensieri, le tue novità professionali, le tue esperienze e le tue attività.

In questo senso, stare su Facebook è come stare in una piazza online: le persone chiacchierano del più e del meno, si scambiano opinioni, si fanno l'occhiolino e litigano ferocemente. Imparare a comportarsi nella maniera corretta su questo canale è importante per evitare di incorrere in situazioni sgradevoli o discussioni inutili (troverai suggerimenti di buona educazione digitale nel Capitolo 5).

Dal momento che ognuno usa Facebook come preferisce, i contenuti che le persone condividono possono essere molto leggeri, ma anche altrettanto impegnati: sei libero di scrivere e di leggere ciò che vuoi, e nel Capitolo 3 vedremo insieme come (Figura 1.3).

Ogni contenuto che pubblichi sul tuo profilo di Facebook verrà condiviso con le persone che selezioni nel momento in cui lo pubblichi: puoi impostare un pubblico standard per tutti gli aggiornamenti ma poi, a seconda del singolo contenuto, modulare la visibilità che gli vuoi dare, escludendo singoli amici o liste di amici oppure estendendolo a chiunque se gli attribuisci visibilità pubblica.

Figura 1.3 Michela condivide un grande traguardo personale.

Allo stesso modo, anche gli interventi che le altre persone lasciano sul tuo Diario sono visibili da chi decidi tu. In definitiva, è possibile impostare una serie di restrizioni alla visibilità dei contenuti, ma di questo parleremo ampiamente più avanti, nel Capitolo 6. Tuttavia è bene ricordare che quando lasci un commento ai contenuti dei tuoi amici, il tuo intervento sarà visibile non solo al tuo amico ma anche ad altre persone, e richiede dunque un minimo di discrezione.

Perché usare Facebook

Oggi Facebook è uno dei principali luoghi di contatto tra persone: è utile ad accorciare le distanze e ad avere a disposizione in pochi clic un prezioso archivio di informazioni che prima non era immaginabile.

Figura 1.4 Valeria racconta agli amici la sua frustrazione.

Non a caso questo è lo strumento che può vantarsi di avere avvicinato il mondo dei social network a chiunque, grazie all'interfaccia molto semplice e intuitiva e a dinamiche simili a quelle della vita di tutti i giorni.

Decidere di far parte di questo complesso universo porta con sé alcune criticità che vedremo nel corso del libro, ma anche numerose opportunità.

Innanzitutto, Facebook ha contribuito significativamente a trasformare nel corso del tempo il modo di instaurare e coltivare le relazioni personali. Grazie a questo prezioso magazzino di dati online, spesso bastano pochi clic per ottenere le informazioni di cui abbiamo bisogno riguardo a una persona, senza avere nemmeno bisogno di contattarla. Ha cambiato le dinamiche dei rapporti professionali, che ormai vengono influenzati e modellati anche sulla base di come le persone si presentano e si comportano online.

Facebook costituisce inoltre uno strumento per archiviare e condividere materiali personali con gli amici in modo veloce ed economico, come le foto delle vacanze, i video più divertenti o le esperienze più importanti della tua vita.

Ci sono dei temi che ti interessano e su cui vorresti mantenerti aggiornato? Con ogni probabilità su Facebook esistono tante altre persone che hanno gli stessi interessi e che si incontrano e aggiornano seguendo una specifica parola chiave, oppure all'interno di Pagine e Gruppi tematici: potrai seguirli anche tu, per essere sempre al corrente delle novità.

Inoltre, se stai lavorando a un progetto importante a cui vorresti dare visibilità, prescindere da un social network così popolato potrebbe essere uno spreco di opportunità.

Infine, Facebook ha conosciuto una crescita eccezionale e ha assunto in soli nove anni 4900 dipendenti in tutto il mondo: non sei curioso di scoprirlo?

Il dizionario di Facebook

Facebook ha dato significati nuovi e di uso comune a parole che, prima della sua nascita, avresti usato con uno scopo e una frequenza probabilmente diversi. Dato che troverai termini ricorrenti all'interno di questo libro, è bene definirli qui affinché tu sappia sempre di che cosa stiamo parlando.

- Diario. Dall'inglese *Timeline*, è lo spazio che costituisce il profilo personale di ciascun utente. Affiancato da una linea del tempo verticale, al suo interno ciascuno condivide i video, le foto e tutti i contenuti associandoli a una determinata data (quella di pubblicazione o una qualunque del passato). Nel Diario di ciascuno possono intervenire anche gli amici a seconda delle impostazioni che sceglie il singolo utente. È un'agenda personale che rappresenta ognuno online.
- Newsfeed o Area Notizie. Si tratta della home page a cui accede l'utente dopo aver effettuato il login. È lo spazio dove scorrono i contenuti del proprio network di amici, Pagine e Gruppi.
- Stato o Notizia. È un'unità di contenuto con cui possiamo aggiornare il nostro profilo e, di conseguenza, raccontare le novità a tutte le persone che lo possono leggere. Si tratta del campo vuoto che chiede: "A cosa stai pensando?" (o tante altre cose, a seconda del periodo). I tuoi Stati (dall'inglese *Status update)* scorrono nella home page dei tuoi amici, quindi per loro costituiranno Notizie. Nel corso del libro gli aggiornamenti pubblicati da te sul tuo Diario o da altri sul loro verranno chiamati quindi Stati o Notizie. Invece il contenuto, sotto forma di testo, foto o link, che si può pubblicare altrove

su Facebook (sul Diario degli amici, in una Pagina o un Gruppo) si chiama Post (dal verbo *to post*, pubblicare).

- Tag. Un tag è un'etichetta che si può applicare ai contenuti pubblicati su Facebook per associarli a persone, Pagine, Gruppi o Eventi. Nel momento in cui applichi un tag a un tuo amico (in gergo, "lo tagghi") su un tuo Stato, una foto o qualsiasi contenuto, quel contenuto sarà associato al suo profilo con un link.
- Mi piace. Il pulsante Mi piace (dall'inglese *Like*) è probabilmente la cifra distintiva più riconoscibile del celebre social network. Lo troverai associato a quasi tutti i contenuti presenti su Facebook e serve per manifestare apprezzamento nei confronti di quanto condiviso da qualsiasi altra persona. È lo strumento più semplice e immediato per avvicinarsi ai contenuti che scorrono nella tua home page.
- Commento. Assieme al Mi piace, commentare è tra le azioni più comuni e diffuse sulla piattaforma. È possibile commentare tutto (foto, video, Stati); è uno strumento di relazione che consente apertura al dialogo.

Figura 1.5 Una foto che presenta tag, alcuni Mi piace e diversi commenti.

- Messaggio. Su Facebook non è vero che è tutto sempre pubblico. Le persone hanno infatti anche la possibilità di contattarsi in forma privata, tramite il contenuto che Facebook chiama Messaggio: nella casella di posta interna a Facebook, gli iscritti si possono inviare Messaggi tra due o più persone.
- Applicazione. Questo termine può essere utilizzato in due accezioni. La prima definisce tutte quelle realtà all'interno di Facebook che consentono di svolgere attività particolari, come per esempio i giochi (che approfondiremo nel Capitolo 7); la seconda indica invece il software che è possibile scaricare su smartphone o tablet per utilizzare Facebook anche quando sei lontano dal PC.
- Notifica. Per notifica si intende la segnalazione da parte di Facebook di un'azione che interessa il tuo profilo (qualcuno ti ha taggato, ha commentato il tuo Stato, ha commentato uno Stato che avevi commentato anche tu e molto altro). Imparerai a impostare le notifiche che desideri ricevere nel Capitolo 4 (Figura 1.6). Potrai riceverne anche via e-mail, se lo desideri.

> NOTA
>
> **Nel corso del libro troverai molte parole con l'iniziale in maiuscolo: questa è la forma adottata quando si fa riferimento agli elementi di Facebook appena visti, e non agli stessi termini nell'accezione classica della lingua italiana. Per esempio, quando troverai la parola Pagina, saprai che si tratta dello spazio di Facebook per le aziende e non una qualche pagina web o di carta.**

- Bacheca. Tradotto dall'inglese *wall*, è stato oggi sostituito quasi ovunque dal Diario. Tuttavia, in alcuni percorsi di Facebook potresti ritrovare il concetto di Bacheca. In quel caso, si intende lo spazio appartenente a organizzazioni o aziende all'interno del quale è possibile postare contenuti.

Figura 1.6 Le notifiche ti aggiornano sulle ultime attività che potresti trovare interessanti.

Capitolo 2

I primi passi

- Iscriviti a Facebook
- Interfaccia: per orientarti
- Personalizza il profilo
- Porta Facebook sempre con te

Iscriversi a Facebook è un'operazione che richiede pochi passaggi; tuttavia, la creazione del tuo profilo personale implica la realizzazione di un volto online pubblico: dovrai prendertene cura proprio come ti prendi cura del tuo aspetto quando esci di casa.

Il tuo profilo di Facebook caratterizza la tua identità online e puoi impostarlo come desideri, in modo da decidere consapevolmente chi può vedere ognuno dei tuoi contenuti (questo è un tema importante che approfondiremo nel corso del Capitolo 4).

Tuttavia, non dimenticare che tutto ciò che pubblichi online è comunque condivisibile dall'esterno (per esempio tramite uno screenshot) perciò ricorda sempre di mantenere all'interno di Facebook un comportamento di cui tu non ti debba né vergognare né pentire in futuro.

Iscriviti a Facebook

Se sei già iscritto, puoi passare direttamente al prossimo capitolo. Se invece devi creare il tuo profilo, i passaggi sono molto semplici. All'indirizzo `http://www.facebook.com` trovi il box Registrazione (Figura 2.1). Vediamo insieme come compilare i campi proposti.

Come ti chiami?

La scelta di nome e cognome è quella che ti rappresenterà: non sottovalutarla. Come ti cercheranno i tuoi amici e conoscenti all'interno di Facebook? Utilizzare nome e cognome reali consente di mettersi in contatto con te in maniera diretta e semplice, e facilita la ricerca del tuo profilo.

Molte persone decidono di iscriversi con soprannomi o storpiature del loro nome; altri con nomi di fantasia o ispirati a personaggi; altri ancora scelgono di creare un profilo unico per una coppia, che porterà nel campo Nome i nomi di entrambi.

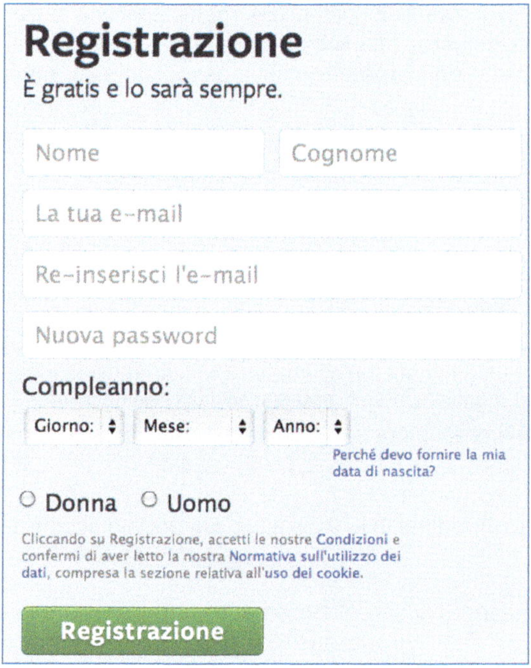

Figura 2.1 Il box Registrazione.

Prima di scegliere una di queste strade, devi sapere che implicano diverse conseguenze: innanzitutto chi ti cerca difficilmente ti troverà, perché effettuerà probabilmente una ricerca sulla base del tuo nome e cognome; inoltre, quando i tuoi aggiornamenti verranno pubblicati nel flusso di Notizie delle altre persone, i tuoi amici potrebbero faticare a riconoscerti come autore, sommersi da centinaia di contenuti ogni giorno. Infine, Facebook richiede come regola base che le persone si iscrivano con la loro identità reale. Quindi se effettua un controllo e capisce che il tuo nome è di fantasia, può privarti del tuo account e rendere inaccessibile tutto il tuo archivio di contenuti.

Se sei di quelli che rispondono "se non mi trovano, meglio", sei sicuro di volerti creare un profilo su Facebook? Se invece vorresti iscriverti con un soprannome perché molte persone ti potrebbero cercare con quello, non temere: una volta iscritto potrai inserire correttamente un nome alternativo associato a nome e cognome.

Ti sei convinto a usare la tua identità reale, ma ormai sei iscritto con il nome di qualche supereroe? Non preoccuparti: puoi modificarlo accedendo alle Impostazioni dalla freccia a destra nella barra in alto e selezionando Modifica accanto al nome. Potrai inoltre decidere in che ordine mostrarli e aggiungere il tuo soprannome nel campo Nome alternativo se ritieni che ti renda più riconoscibile.

NOTA

Il nome e il cognome possono essere modificati solo un numero limitato di volte.

Nel Capitolo 4 approfondiremo le Impostazioni del tuo account.

L'e-mail di contatto

Anche la scelta dell'e-mail di iscrizione è reversibile e può essere modificata più avanti. Tuttavia, il consiglio è di scegliere sin da subito un servizio di posta che usi o puoi abituarti a usare di frequente: sarà lì infatti che Facebook ti spedirà le notifiche legate al tuo profilo, come per esempio avvisi se qualcuno commenta le tue foto, richiede la tua amicizia o fa clic su Mi piace a proposito di un tuo contenuto. È bene tenerlo monitorato, soprattutto in un primo momento, quando inizi a prendere confidenza con lo strumento.

La password per proteggerti

La tua password deve contenere un minimo di sei caratteri. Cerca di impostarne una sicura in modo da evitare che altre persone riescano a entrare nel tuo account. È buona prassi inserire caratteri alfanumerici e non ripetere nella password il nome, il cognome, il soprannome (per Facebook Nome alternativo) o la data di nascita.

Le tue informazioni di base

Sesso e data di nascita sono campi obbligatori che Facebook richiede per profilare meglio gli iscritti. È importante inserire la data di nascita anche per un motivo di sicurezza: è infatti vietata l'iscrizione alle persone sotto i 13 anni.

NOTA

Molti adolescenti al di sotto dell'età minima si registrano comunque mentendo sull'età: se conosci qualche caso di questo tipo e desideri proteggere il minore leggi il **Capitolo 6**.

Se non vuoi dichiarare pubblicamente la tua data di nascita, potrai nasconderla nelle impostazioni di profilo che troverai più avanti.

NOTA

Prima di nascondere la tua data di nascita, è bene che tu sappia che da quando è arrivato Facebook a ricordare tutti i compleanni, si ricevono moltissimi auguri in più! Se vuoi puoi anche mantenere visibili giorno e mese e nascondere l'anno di nascita.

Una volta inseriti tutti questi dati, Facebook effettua un controllo di sicurezza per verificare che a iscriversi sia un essere umano e non una macchina che crea utenti spammer.

NOTA

Lo *spam* consiste in messaggi pubblicitari che non sono stati in alcun modo richiesti dall'utente che li riceve. Può essere finalizzato a commercializzare beni di uso comune, ma spesso anche materiale pornografico o illegale (per esempio software pirata). Lo spam ha spesso finalità di truffa. Uno *spammer* è un generatore di spam.

Basterà che tu inserisca nel campo indicato le cifre che leggi nel box: se non riesci a interpretarle, puoi fare clic su Prova con parole diverse per ottenere una nuova proposta di testo fino a quando ne troverai una leggibile.

Passo 1: Trova i tuoi amici

Ci siamo: ora puoi iniziare a socializzare. Come? Per prima cosa trovando un po' di amici. Puoi cominciare a cercarli uno per uno, oppure aiutarti tramite i contatti di un tuo servizio di posta elettronica.

Figura 2.2 Trova i tuoi amici tramite i contatti del tuo account e-mail.

NOTA

Questo e tutti gli altri passaggi che vedremo per il completamento del tuo profilo possono essere affrontati in questa fase ma anche a posteriori, una volta iscritti. Quindi se sei di fretta, fai clic su **Salta**.

Inserendo nei campi indicati l'indirizzo e-mail da cui desideri prendere i contatti, Facebook apre una schermata nuova in cui ti chiede la password del tuo account di posta per poter cercare i tuoi contatti tra le persone già iscritte, verificandone la presenza attraverso i loro indirizzi e-mail. Se nel momento in cui svolgi questa operazione stai utilizzando la posta elettronica, Facebook non avrà bisogno di chiederti la password, e dovrai solo consentire il suo accesso all'account.

NOTA

Se utilizzi più di un servizio di posta elettronica, puoi effettuare la verifica dei tuoi contatti presenti su Facebook da tutti gli account che desideri. Non devi indicare per forza il servizio di posta con cui ti sei iscritto a Facebook, ma puoi scegliere l'account all'interno del quale hai il maggior numero di contatti (che, probabilmente, è quello che utilizzi di più).

Una volta che avrai selezionato dall'elenco proposto i profili con cui desideri entrare in contatto, puoi fare clic su Aggiungi amici. Alle persone che hai selezionato arriverà la tua richiesta di amicizia, che potranno approvare oppure ignorare. Se vuoi mandare la richiesta di amicizia solo ad alcune persone della lista, ti basterà selezionarle dall'elenco; se invece ti interessano tutte, scegli Seleziona tutti gli amici.

Dopo che avrai inviato le richieste di amicizia, Facebook ti restituirà l'elenco di contatti tratti dal tuo servizio di posta elettronica che non risultano iscritti a Facebook e ti chiederà se vuoi invitarli. Se confermi, queste persone riceveranno un'e-mail con il tuo invito. Tieni presente che molte persone hanno più di un account e-mail e potrebbero essere già iscritte a Facebook con un altro indirizzo. Inoltre, ormai quasi tutti conoscono la possibilità di iscriversi e difficilmente lo faranno soltanto perché li inviti tu, anzi, potrebbero trovarlo fastidioso. Insomma: mandalo soltanto a coloro che pensi lo possano apprezzare. Se decidi di non mandare l'invito, seleziona Salta per arrivare al passo 2.

Passo 2: Informazioni del profilo

Iniziamo a costruire il tuo profilo: quali informazioni vuoi condividere? Specificando i campi richiesti, oltre a creare la tua immagine permetterai a Facebook di consigliarti amici che hanno frequentato la tua stessa scuola, università o che hanno lavorato insieme a te. Per ognuna delle informazioni che inserisci puoi definire la visibilità che preferisci.

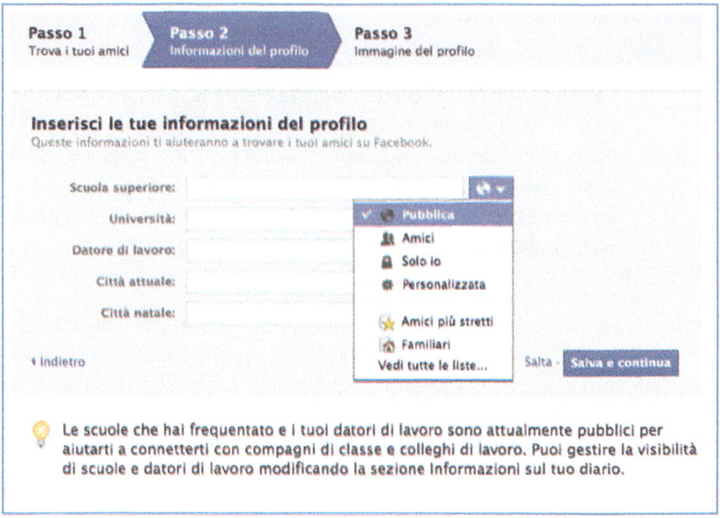

Figura 2.3 Ognuna delle informazioni che inserisci può avere la visibilità che desideri.

Prima di arrivare al passo successivo, Facebook ti propone una serie di profili sulla base delle informazioni fornite fino a questo punto (possibili compagni di scuola e colleghi di lavoro, per esempio).

Passo 3: Immagine del profilo

L'immagine che scegli può essere cambiata in qualsiasi momento. La scelta della foto del profilo ha importanti ripercussioni sulla tua reputazione online perché dice molto di te: rifletti bene prima di caricarla. Il consiglio è di scegliere un'immagine che ti rappresenti ma non comprometta il primo contatto con semplici conoscenti, potenziali datori di lavoro o colleghi che ti cercano online. Inoltre la foto aiuta il riconoscimento, soprattutto nel caso di persone che hanno molti omonimi iscritti a Facebook. Se qualcuno ti cerca, tra i tanti risultati con il tuo stesso nome e cognome sei sicuro di essere facilmente riconoscibile? È buona prassi aggiornare periodicamente l'immagine in modo da essere sempre identificabile nonostante eventuali cambiamenti dell'aspetto.

Puoi caricare una foto che già possiedi o in alternativa scattarla con la tua webcam.

Figura 2.4 Imposta la tua immagine per il profilo.

Interfaccia: per orientarti

A questo punto sei ufficialmente parte di Facebook: la pagina che hai di fronte presto ti diventerà molto familiare. Le informazioni che contiene sono molte, ma tutte piuttosto intuitive. I paragrafi che seguono ti aiuteranno a orientarti nell'interfaccia.

Le funzionalità più importanti verranno approfondite nei capitoli successivi; quelle invece meno centrali potrai divertirti ad approfondirle seguendo i percorsi che ti offrirà Facebook.

> Nota
>
> **In occasione dei primi accessi e di rilasci di funzionalità particolari, Facebook ti aiuterà a districarti fra le novità aprendo finestre in prossimità dell'oggetto in questione per segnalarti i nuovi strumenti e favorire il tuo orientamento.**

Il cuore di Facebook

L'area centrale della pagina è il Newsfeed, il flusso di contenuti delle persone nella tua rete. Qui troverai tutto ciò che pubblicano i tuoi amici, le Pagine e i Gruppi che segui e i tuoi personaggi pubblici preferiti.

Non appena avrai effettuato l'iscrizione, la tua home page sarà diversa da quella di un profilo a pieno regime.

Subito dopo l'iscrizione

Quando un nuovo utente si iscrive, Facebook gli dà il benvenuto. Nella colonna di sinistra, una pagina Benvenuto ti aiuterà a orientarti fornendoti una serie di consigli di base per muovere i primi passi all'interno del social network.

Il contenuto di questa pagina dipende da quali passi hai saltato in fase di iscrizione. Se ti va, segui le indicazioni di Facebook per completare meglio il tuo profilo o aggiungere più amici.

Nell'area centrale della tua pagina, Facebook ti consentirà dunque di inserire le informazioni che non hai completato in fase di registrazione, di portare avanti la ricerca di altri amici e di regolare le tue impostazioni del tuo account.

A pieno regime

Il corpo principale del tuo profilo a pieno regime sarà popolato di contenuti. Foto, link, video: la tua home page si aggiornerà continuamente in un flusso cronologico di contenuti i cui autori sono persone o aziende con cui hai deciso di entrare in contatto (puoi vedere un esempio di come ti apparirà nella Figura 2.5).

Figura 2.5 L'area Notizie della home page di un profilo con una rete di amici.

> NOTA
>
> Facebook compone la tua home page di contenuti a seconda di un algoritmo che definisce quali dovrebbero essere i contenuti che ti interessano di più. Puoi comunque personalizzare il tuo Newsfeed in modo tale da leggere solo ciò che desideri anziché tutti gli aggiornamenti di tutti gli amici, come vedremo nel **Capitolo 3**.

La barra superiore

Questo è l'unico elemento fisso che accompagnerà sempre la tua navigazione all'interno di Facebook. Le icone e le voci di cui è composta diventeranno presto di lettura immediata.

① Il link sul logo di Facebook o sulla parola Home ti ricondurrà sempre alla tua home page: se ti perdi, quella parola ti riporta a casa.

② Tramite questo campo puoi effettuare una ricerca generica (relativa per esempio a una persona, un tema, un brand o un evento). Avrai anche la possibilità di approfondire la tua ricerca, ma di questo parleremo nel Capitolo 3.

③ Il campo Pubblica qualcosa ti serve per aggiornare il tuo Stato dovunque ti trovi.

④ Tramite questa icona Facebook ti notifica se hai nuove richieste di amicizia: te ne accorgerai perché comparirà un numero bianco su sfondo rosso che indicherà la quantità di nuove richieste.

⑤ Questa è la tua posta privata, attraverso la quale puoi inviare e ricevere messaggi a cui hanno accesso solo i destinatari. Anche in questo caso verrai avvertito della presenza di nuovi messaggi non letti tramite un numero che comparirà su questa icona.

⑥ Questa icona ti segnala, come le richieste di amicizia e i messaggi, se ci sono novità relative al tuo account. Per esempio, ti può segnalare se: è stato commentato un tuo contenuto; qualcuno ha pubblicato qualcosa sul tuo Diario; sei stato invitato a un Evento; qualcuno ha commentato lo stesso contenuto che hai commentato anche tu; qualcuno ti ha taggato in un suo contenuto. Più in generale, questa icona è il tuo strumento privilegiato per essere aggiornato su ciò che avviene nel tuo account e puoi impostare solo le notifiche che preferisci in modo da evitare disturbi inutili. Grazie a questi avvisi, potrai rispondere con tempestività se lo riterrai opportuno.

⑦ Da qui gestisci tutte le impostazioni del tuo account: dalle notifiche, alla privacy, dal nome all'e-mail. Approfondiremo questo tema importante nei Capitoli 4 e 6.

La colonna di sinistra

Mentre la barra in alto resta fissa qualunque percorso di navigazione tu intraprenda, la colonna di sinistra può contrarsi o espandersi a seconda della pagina che stai visitando.

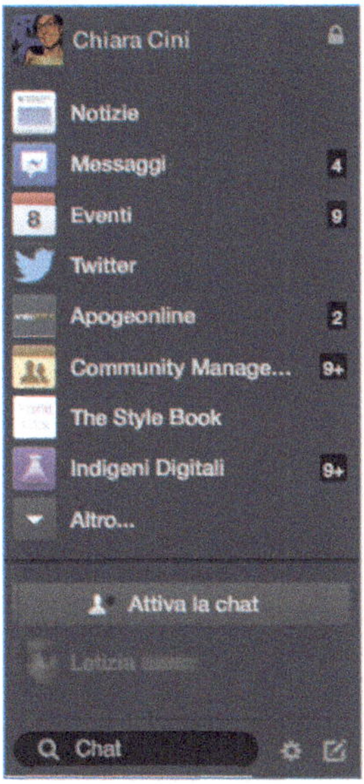

Figura 2.6 Un esempio di come può comparire la colonna di sinistra di un profilo attivo da tempo.

Nella parte più alta trovi un link diretto al tuo profilo e un collegamento rapido alle impostazioni sulla privacy. Più sotto, trovi un link alle Notizie (il tuo Newsfeed), e dei collegamenti a Messaggi privati, Eventi, Pagine che amministri e Gruppi di cui fai parte. In fondo, è possibile accedere alla chat (e alle relative impostazioni) per chiacchierare in tempo reale con gli amici in linea.

La colonna di destra

La colonna di destra è invece riservata principalmente ai contenuti promozionali, come per esempio le Notizie sponsorizzate, aree dedicate alle pubblicità, di cui parleremo nel Capitolo 7.

Nella home page, in cima alla colonna di destra, trovi un utilissimo strumento per filtrare le Notizie che popolano il tuo Newsfeed sulla base delle liste di amici che vuoi visualizzare o sulla base del tipo di contenuto pubblicato (nel Capitolo 3 vedremo come fare).

Figura 2.7 La colonna di destra nella home page.

Personalizza il profilo

In qualsiasi momento, puoi modificare le informazioni che hai pubblicato sul tuo profilo personale. Come? Semplice: apri il profilo facendo clic sul tuo nome nella colonna di sinistra e all'interno di questa pagina, sotto la copertina, fai clic sulla voce Informazioni.

> NOTA
>
> Alcune informazioni importanti, come per esempio il tuo nome, cognome ed eventuale soprannome, sono gestite tramite la voce **Impostazioni** che trovi nella freccia della barra in alto a destra. Approfondiremo questo tema nel **Capitolo 4**.

Ricorda di dichiarare solo le informazioni che effettivamente desideri condividere: potrai sempre restringerne la visibilità, ma sono comunque dati che regalerai a Facebook.

Tramite il pulsante Modifica puoi cambiare tutto ciò che hai condiviso eliminando, aggiungendo o cambiando dati. Inoltre, accanto a tutte le informazioni trovi l'icona , attraverso la quale puoi scegliere se renderle pubbliche (cioè visibili a chiunque), visibili solo agli amici, visibili solo a te oppure a una selezione personalizzata di liste o amici. Scopriremo tutte le opzioni di visibilità nel Capitolo 6.

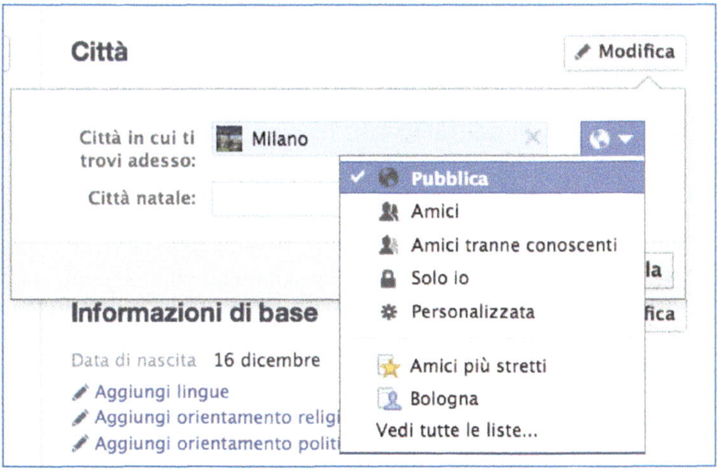

Figura 2.8 Modificare il profilo: una sezione delle informazioni di base che si possono cambiare tramite la voce Modifica.

I passi principali della tua vita professionale

Inserire in Lavoro e istruzione le informazioni di base relative alla tua formazione e al tuo percorso professionale può essere utile nel caso qualcuno voglia avere maggiori dettagli relativamente al tuo percorso professionale. Per ogni posizione puoi aggiungere anche una breve descrizione, in modo da condividere un CV completo anche all'interno di Facebook.

I posti della tua vita

Puoi dichiarare la Città in cui ti trovi adesso e la tua città natale.

Informazioni di base

Sono uomo/donna, Data di nascita, Mi piacciono donne/uomini, Lingue, Religione, Orientamento politico: tutti questi campi richiedono informazioni molto personali ma che per qualcuno possono essere importanti per identificarsi e presentarsi in pubblico. Nessuno di questi dati è obbligatorio; inserisci solo quelli che desideri condividere.

Come entrare in contatto con te

Informazioni di contatto è il luogo giusto in cui inserire tutti i tuoi recapiti (un tuo numero telefonico, il tuo indirizzo civico o e-mail, il link al tuo sito o ad altri profili online e così via).

Anche in questo caso potrai decidere di inserire l'informazione ed eventualmente restringerne la visibilità. Tuttavia, è importante fare una riflessione approfondita su dati così sensibili. Dal momento che Facebook è diventato il luogo di contatto per eccellenza, segnalare un indirizzo e-mail esterno, il numero di telefono o addirittura l'indirizzo di casa diventa secondario: chi ti cerca ti può scrivere direttamente all'interno del social network. Eventualmente, se qualcuno per qualche motivo avrà bisogno di altri tuoi dati personali, te li potrà chiedere in maniera diretta.

Dopo aver effettuato le adeguate considerazioni, ognuno decide che tipo di dati pubblicare.

Relazioni e familiari

Tramite la sezione Famiglia puoi dichiarare i tuoi legami. Potrai segnalare la tua situazione sentimentale, scegliendo tra le voci del menu a tendina (single, sposato, divorziato e così via), ed eventualmente tramite tag potrai anche indicare la persona con cui hai quel legame, se è tra i tuoi amici su Facebook. Allo stesso modo, potrai segnalare all'interno del tuo profilo i tuoi parenti.

Per me sei come un fratello

Alcune persone pubblicano sul loro profilo informazioni inesatte per gioco. Tra i fratelli inseriscono amici del cuore o come genitori soggetti estranei con cui stanno giocando. Il profilo è tuo e puoi farne ciò che vuoi; tuttavia, Facebook è uno spazio pubblico che persone conosciute ma anche estranee potranno sbirciare per saperne di più su di te. Decidi con cura quali informazioni presentare e come.

I momenti più importanti della tua vita

Estendendo l'area Informazioni attraverso il pulsante Mostra tutto, vengono visualizzate altre tre sezioni, tra cui Storia per anno. Al suo interno puoi inserire una sintesi delle tue tappe principali, come un matrimonio, la nascita dei figli, i viaggi importanti e le feste indimenticabili. La puoi modificare da qui o dall'interno del tuo Diario (lo vedremo nel Capitolo 3).

Chi sei, in poche parole

Grazie all'area Su di te puoi abbinare al tuo profilo qualche riga che sarà visibile pubblicamente. Una sorta di sottotitolo al tuo nome e cognome, due righe di biografia, un motto, qualche indicazione per far sì che chi ti cerca ti riconosca anche tramite questo breve indizio.

Citazioni preferite

In quest'area puoi inserire qualche citazione che ti rappresenta in particolare.

Porta Facebook sempre con te

È probabile che con il tempo Facebook entri a far parte della tua quotidianità a tal punto che non vorrai più farne a meno.

L'esigenza di avere tutto ciò che ti serve a portata di mano si riflette su Facebook, tra le applicazioni mobile più usate in Italia.

Nota

Per utilizzare al meglio Facebook dal tuo smartphone assicurati di aver attivato con il tuo operatore un piano dati.

Indipendentemente dal tuo tipo di smartphone, puoi utilizzare Facebook tramite il browser che trovi al suo interno. Tuttavia, la soluzione ottimale è installare l'app ufficiale: ne trovi una per ogni sistema operativo. Scaricala dall'App Store di Apple, dal Market di Android, dall'Ovi Store di Nokia o dal Blackberry App World e aggiornala ogni volta che viene rilasciata una nuova versione per evitare problemi tecnici. Le app dei diversi sistemi operativi presentano le principali funzionalità che analizzeremo nel corso del libro: non devi far altro che testarle per scoprirne le logiche di navigazione (Figura 2.9).

Anche su tablet il modo migliore per utilizzare Facebook è scaricare un'app dedicata.

Il rapporto tra Facebook e il resto del Web

Spesso navigando in Rete al di fuori di Facebook potrai trovare alcuni elementi appartenenti al social network: il celebre pulsante **Mi piace** associato agli articoli di un magazine, il campo dei commenti sotto a un video, il pulsante **Invia** per condividere il contenuto con qualche amico o Gruppo o la possibilità di iscriversi a un sito effettuando la registrazione con il tuo account di Facebook. Si tratta dei plug-in sociali, che possono essere di vari tipi e riproporre diverse funzionalità. Quando li utilizzi, la tua azione verrà visualizzata da chi segue i tuoi aggiornamenti dentro Facebook e all'interno del sito se qualcuno dei tuoi amici legge quel contenuto (per conoscerli meglio: `https://developers.facebook.com/docs/plugins/`). I *badge* sono invece elementi grafici che puoi trovare all'interno di un sito e servono a segnalare profili, Pagine o foto di Facebook; sono di quattro tipi e li puoi conoscere al link `https://www.facebook.com/badges/` (**Figura 2.10**).

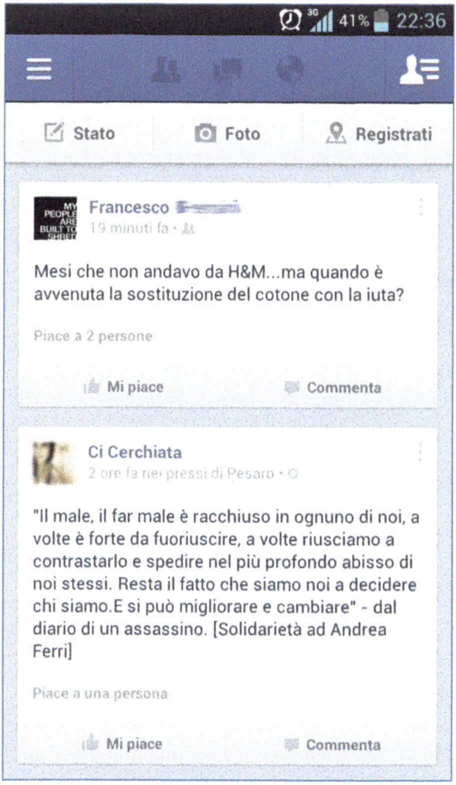

Figura 2.9 La schermata principale dell'app per Android.

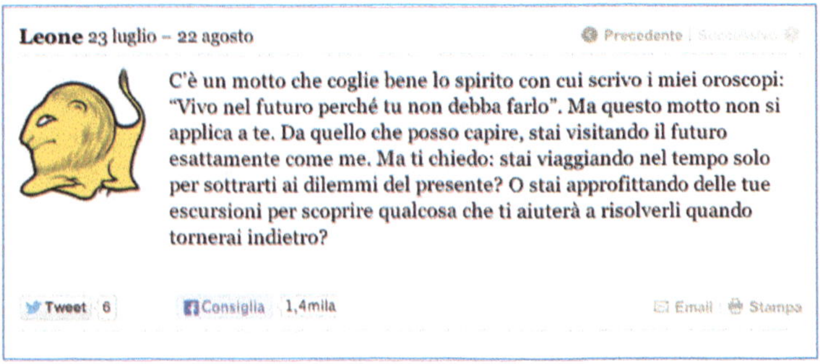

Leone 23 luglio – 22 agosto　　Precedente

C'è un motto che coglie bene lo spirito con cui scrivo i miei oroscopi: "Vivo nel futuro perché tu non debba farlo". Ma questo motto non si applica a te. Da quello che posso capire, stai visitando il futuro esattamente come me. Ma ti chiedo: stai viaggiando nel tempo solo per sottrarti ai dilemmi del presente? O stai approfittando delle tue escursioni per scoprire qualcosa che ti aiuterà a risolverli quando tornerai indietro?

Tweet 6　Consiglia 1,4mila　Email　Stampa

Figura 2.10 Un articolo in Rete che ha installato il plug-in Mi piace.

Il Facebook phone

Facebook Home è un software per dispositivi mobili annunciato da Facebook nel mese di aprile 2013. Si tratta di un software che nel momento in cui questo libro viene scritto è disponibile solo su alcuni smartphone Android e solo negli Stati Uniti (anche se qualche escamotage per installarlo su alcuni dispositivi in Italia esiste) ma i prossimi step saranno il lancio ufficiale sul mercato internazionale e la presentazione di Home per tablet. L'installazione di questo software sul tuo smartphone implicherà la trasformazione del tuo dispositivo in un vero Facebook phone, dove la condivisione e la relazione con gli amici saranno al centro dell'utilizzo.

Capitolo 3

Esplora i contenuti

- La tua home page: le Notizie
- Tutto ciò che dice uno Stato
- Come fare una ricerca
- Il profilo di un amico: come si presenta

I contenuti che popolano la tua home page di Facebook saranno infiniti e di varia natura così come le fonti da cui provengono. Non ti resta che personalizzare la tua home in modo da privilegiare ciò che più ti interessa e divertirti ad approfondire i tuoi interessi insieme alle altre persone.

Il disorientamento iniziale è del tutto comprensibile e normale per chi non ha ancora idea di come funzioni lo strumento. Nessun problema: all'interno di questo capitolo scoprirai quali contenuti potrai trovare dentro Facebook e come li potrai leggere, navigare e utilizzare.

La tua home page: le Notizie

Se hai letto i capitoli precedenti, l'interfaccia che hai di fronte dovrebbe esserti già familiare: la barra in alto è fissa e ti accompagna durante la navigazione, il corpo centrale si aggiorna con le Notizie, la colonna di sinistra è il tuo menu principale e quella di destra ospita gli spazi pubblicitari.

Il corpo centrale è il cuore della tua esperienza su Facebook: riporta Stati degli amici, aggiornamenti di Pagine e persone che segui, attività che svolgono i tuoi amici all'interno del social network, ed è quindi in continuo aggiornamento. Quanto più alto sarà il numero dei tuoi amici, tanto maggiore sarà la quantità di contenuti che vedrai scorrere nella tua home page.

Personalizza la home page

I contenuti che leggi nel flusso della tua home page non sono necessariamente tutti quelli pubblicati dai tuoi amici. Innanzitutto, vedi solo le Notizie che i tuoi amici hanno condiviso in maniera pubblica o con impostazioni che ti consentono di visualizzarli (nel Capitolo 6 imparerai a impostare delle restrizioni di visibilità per i contenuti che pubblichi in modo da proteggerli da sguardi indiscreti). Inoltre, la sezione Notizie tende a proporti i contenuti più pertinenti selezionati da Facebook per te sulla base del tuo comportamento all'interno del social network (il rapporto che ti lega all'autore della Notizia, le tue interazioni sui diversi tipi di contenuto).

Puoi comunque personalizzare la tua home page in modo da popolarla con ciò che ti interessa maggiormente.

L'algoritmo di Facebook: l'EdgeRank

Non tutto quello che scriviamo su Facebook viene visto sempre dalle persone del nostro network: la selezione delle Notizie di amici, Pagine o Gruppi che vediamo scorrere nel nostro Newsfeed avviene sulla base di un algoritmo determinato da complesse variabili. Questo algoritmo si chiama EdgeRank e assegna un punteggio (*rank*) a ciascun contenuto postato, in base principalmente a tre variabili.

- Affinità. È il rapporto tra autore del contenuto e utente: quanto più un utente interagisce all'interno di una Pagina o del profilo di un altro utente, tanto più spesso Facebook gli mostrerà i contenuti postati da quella Pagina o utente.
- Tipologia di contenuto. Alcuni contenuti sono privilegiati da Facebook rispetto ad altri semplicemente per la loro tipologia: foto, video e link hanno – a parità di condizioni – più probabilità di comparire rispetto a un aggiornamento di solo testo.
- Tempismo. I contenuti più freschi sono più visibili di quelli datati.

Nascondi, segnala o segui i post degli amici

Ti accorgerai presto che molti dei tuoi amici parlano troppo, dicono cose con cui ti trovi in disaccordo, usano toni irritanti o in generale ti disturbano. Non è quindi insolito avere nella tua rete di amici persone che non hai voglia di leggere: in questo caso, se non te la senti di eliminarli dai contatti, puoi sempre nasconderli.

Allo stesso modo, puoi nascondere solo un singolo Stato che ti infastidisce e che non ti va di trovare tra le tue Notizie. Come?

Sul lato destro di ogni aggiornamento di Stato, trovi una freccia che ti consente tre azioni (Figura 3.1).

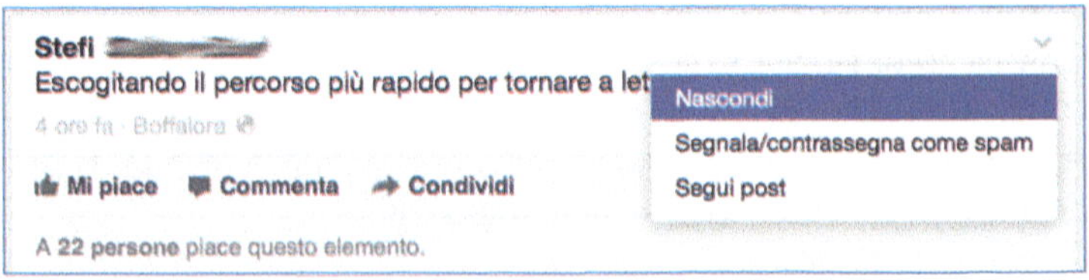

Figura 3.1 Le opzioni di intervento che hai su ogni contenuto che scorre nel tuo Newsfeed.

- Nascondi. Il contenuto viene nascosto dalla tua home page, e Facebook ti chiede se desideri nascondere tutti i post di quell'autore o solo quello indicato.
- Segnala/Contrassegna come spam. Nel caso di un contenuto offensivo, puoi contrassegnarlo come spam. A quel punto Facebook ti chiederà se vuoi nascondere tutte le Notizie di quell'autore e se desideri segnalare in particolare che tipo di problema è associato a quel contenuto. Questo è il pulsante da selezionare nel caso qualcuno violi i tuoi diritti di proprietà intellettuale.

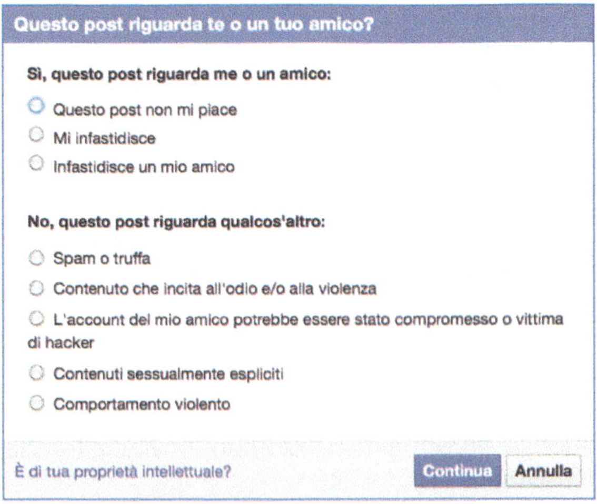

Figura 3.2 Quando segnali un contenuto Facebook ti chiede di specificarne il motivo per effettuare controlli e comprendere meglio il tuo problema.

- **Segui post**. Se il contenuto ti interessa particolarmente, puoi seguirlo: ti arriverà una notifica ogni volta che qualcuno lo commenterà.

Nel tempo Facebook cercherà di individuare sulla base dello storico delle tue indicazioni quali sono le Notizie più adatte a essere messe in evidenza per te.

> NOTA
>
> Se desideri rimuovere del tutto una persona dalla tua rete, vai al **Capitolo 5**, dove potrai imparare come tagliare i ponti.

Seleziona solo i contenuti più interessanti

È possibile che la selezione proposta da Facebook non risponda sempre alle tue esigenze; per questo trovi nella barra laterale destra un menu che ti consente di filtrare solo alcuni contenuti, sulla base della tipologia o dell'autore. In questo modo la tua pagina principale si popolerà solo dei contenuti da te filtrati sulla base delle esigenze del momento.

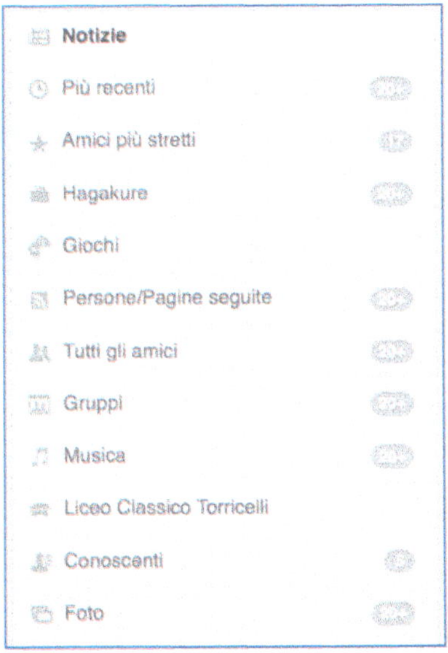

Figura 3.3 Un esempio di menu nella colonna di destra che ti consente di personalizzare la tua home page. Fai clic su Notizie per espanderlo.

A seconda della voce che scegli da questo menu, potrai decidere di visualizzare nel Newsfeed solo alcune tipologie di contenuto (a cosa stanno giocando i tuoi amici, che musica ascoltano o che cosa postano le radio che segui, cosa succede nei Gruppi di cui fai parte e così via) oppure solo alcune liste di persone o ancora liste tematiche create da te e in cui hai inserito Pagine, Gruppi o persone che parlano dello stesso argomento.

Dopo che avrai organizzato i tuoi contatti in liste (come imparerai a fare nel Capitolo 5) potrai scegliere infatti di leggere le Notizie solo di un gruppo di amici, per esempio quelli che vivono nella tua stessa città, solo i tuoi colleghi di lavoro o i tuoi amici più stretti. Ti basterà selezionare l'elenco di amici che vuoi leggere dalla colonna di destra e i loro aggiornamenti compariranno nell'area Notizie, ricordandoti anche contestualmente, nella colonna di destra, quali utenti appartengono a quella specifica lista.

Figura 3.4 Selezionando la lista che desideri leggere dalla tua colonna di destra, l'area Notizie si popola degli aggiornamenti dei contatti che vi appartengono.

Il Riquadro degli aggiornamenti in tempo reale

Il Riquadro degli aggiornamenti mostra tutte le attività dei tuoi amici in tempo reale e compare nella colonna di sinistra in basso solo se c'è abbastanza spazio, perché è "sensibile" alla quantità di spazio libero disponibile sullo schermo. Se non lo visualizzi, puoi provare a usare il browser nella modalità a schermo intero o a modificare le dimensioni dello schermo.

Questa modalità di lettura include aggiornamenti in tempo reale di Stati, amicizie, foto, video, link, **Mi piace**, commenti e in definitiva qualunque tipo di attività senza alcun filtro.

Tutto ciò che dice uno Stato

Ogni volta che un amico pubblica qualcosa su Facebook, oltre alla foto, il link o il video condivide molte altre informazioni accessorie. Ogni aggiornamento contiene infatti una serie di ulteriori dettagli.

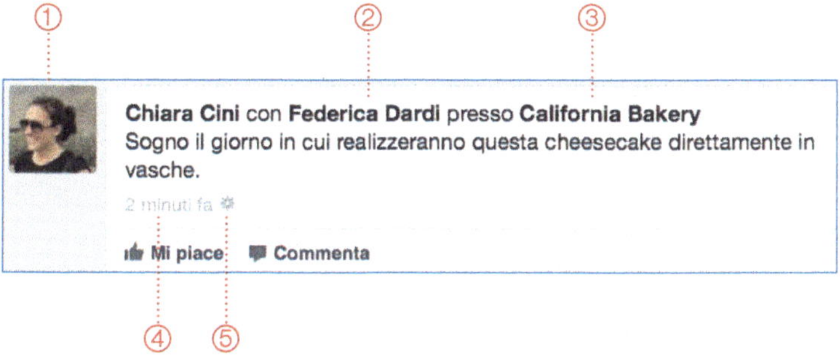

① Chi scrive: l'immagine di profilo accanto allo Stato indica l'autore e porta al suo profilo.

② Con chi: nel caso lo Stato presenti un tag, il nome della persona taggata rimanda al suo profilo.

③ Dove: al momento dell'aggiornamento, è possibile associare al contenuto la propria posizione geografica.

④ Quando: tutti gli aggiornamenti sono associati al momento della pubblicazione. Facendo clic sul momento della pubblicazione si ottiene il link a quello specifico Stato.

⑤ Per chi: accanto allo strumento, può essere presente un'icona relativa alle restrizioni di visibilità. Un clic qui mostra a chi è visibile quel contenuto. Potrai vedere il nome degli altri utenti che possono visualizzare il contenuto oltre a te, ma se lo Stato è visibile solo a una lista non potrai vedere il nome della lista a cui appartieni: Facebook infatti mantiene privato il nome delle liste che realizzano i singoli utenti in modo che i loro amici non sappiano dove vengono inseriti.

Per sapere come imparare a condividere tutte queste informazioni e a pubblicare uno Stato con tutti i dettagli che desideri, vai al Capitolo 4.

Come fare una ricerca

Capiterà molto spesso che tu abbia bisogno di cercare qualcosa all'interno di Facebook: una persona, un prodotto che ti piace, un'azienda con cui desideri interagire perché sei arrabbiato o soddisfatto, un evento particolare, un tema che ti sta a cuore. Qualsiasi sia l'oggetto della tua ricerca, lo puoi cercare attraverso il campo Cerca persone, luoghi e oggetti nella barra superiore. Mentre digiti le parole chiave che ti interessano, Facebook ti suggerisce i primi risultati direttamente cliccabili senza dover cambiare pagina

La graph search per esplorare ciò che ti interessa tra i tuoi contatti

Nel momento in cui questo libro viene scritto, Facebook ha rilasciato sugli account in lingua inglese e solo su una selezione di account in lingua italiana la *graph search*. Si tratta di un sistema di ricerca molto evoluto che consentirà di ricercare all'interno della propria rete di contatti contenuti specifici. Per esempio, prima di un viaggio in Argentina potrai cercare "Amici che vivono a Buenos Aires" per scoprire chi contattare una volta là, o "Foto Argentina" per vedere le foto della destinazione pubblicate dai tuoi amici con una visibilità che ti consenta la visualizzazione. Permetterà in altri termini di ricercare temi specifici all'interno della propria rete di contatti. Per maggiori informazioni: `www.facebook.come/about/graphsearch`.

Se tra queste prime proposte non trovi ciò che cerchi, fai clic sull'ultimo campo Vedi altri risultati per in modo da accedere a una pagina di ricerca più completa. È possibile filtrare i risultati attraverso la colonna di sinistra: puoi scegliere di visualizzare tra tutti i risultati soltanto le Persone, le Pagine, i Luoghi, i Gruppi, le Applicazioni, gli Eventi, la Musica, i Risultati Web (raccolti grazie al motore di ricerca Bing), i Post degli amici, i Post pubblici (tutti i Post condivisi pubblicamente dagli utenti su Facebook) e i Post nei gruppi.

Figura 3.5 Risultati e filtri per una ricerca avanzata.

Gli hashtag e l'importanza delle ricerche per tema

Dopo molti anni in cui Facebook veniva catalogato come il social network delle relazioni personali, mentre Twitter deteneva il primato nelle conversazioni tematiche tra sconosciuti, nel giugno 2013 Facebook ha finalmente rilasciato gli hashtag. Un hashtag è un'etichetta che può essere apposta a un'unità di contenuto per inserirlo in una categoria. Parlando di un programma TV che si sta guardando, o di un avvenimento preciso che sta avvenendo, si può taggare il contenuto con una parola chiave preceduta da **#** in modo tale da farlo emergere all'interno della pagina che raccoglie i contenuti relativi a quel tema specifico. Lo strumento è di certo in evoluzione, ma per il momento si possono effettuare ricerche per hashtag semplicemente usando il classico campo di ricerca ma anteponendo il cancelletto alla parola chiave cercata. In questo modo comparirà una pagina che racchiuderà tutti i contenuti legati a quell'hashtag e pubblicati con visibilità pubblica oppure pubblicati dai tuoi amici. Inoltre, puoi accedere alla pagina dedicata a un determinato tema se vedi scorrere nel tuo Newsfeed un contenuto che ti interessa taggare: gli hashtag sono infatti collegamenti ipertestuali alla pagina che racchiude tutti i contenuti con quell'hashtag.

Il profilo di un amico: come si presenta

In seguito all'iscrizione, ogni persona su Facebook è presente tramite uno spazio dedicato, il profilo utente, che raccoglie tutte le informazioni e i contenuti che il proprietario del profilo decide di pubblicare. Una delle attività più diffuse all'interno di Facebook è curiosare tra i profili degli amici. È bene quindi capire dove trovare le informazioni che cerchi e che cosa puoi fare all'interno di ogni profilo.

NOTA

Le osservazioni che seguono sono indicative: dal momento che ognuno può impostare il proprio profilo come meglio crede e modulare la visibilità per ogni informazione, non tutti i profili si presentano identici.

Qual è l'architettura delle informazioni che trovi nel profilo di un amico? La parte più alta della pagina è dedicata alle informazioni principali del profilo, mentre il resto della pagina, scorrendo verso il basso, è il Diario: lungo una linea del tempo verticale, che scorre da oggi (il punto più in alto) alla data di nascita (il punto più basso), vengono raccolti tutti i contenuti che l'utente pubblica e ciò che i suoi amici condividono all'interno del suo Diario. Ognuno può impostare restrizioni sulla visibilità di quasi tutti i contenuti a seconda di ciò che desidera rendere pubblico, quindi ciò che vedrai all'interno del profilo di un amico può essere solo una parte del totale dei contenuti condivisi su Facebook da quella persona.

NOTA

Facebook non fornisce strumenti di monitoraggio che consentano di verificare che cosa è stato visto del tuo profilo e chi lo ha guardato: puoi quindi sfogliare in tutta tranquillità le foto e i contenuti dell'ex senza rischiare incidenti diplomatici!

La figura che segue mostra una panoramica dei principali contenuti che puoi trovare all'interno del Diario di un amico, che analizzeremo nelle prossime pagine. Tuttavia, l'impostazione e la gestione del tuo profilo personale non vengono trattate qui ma dovrai portare pazienza fino al Capitolo 4, dove imparerai anche come pubblicare le tue storie.

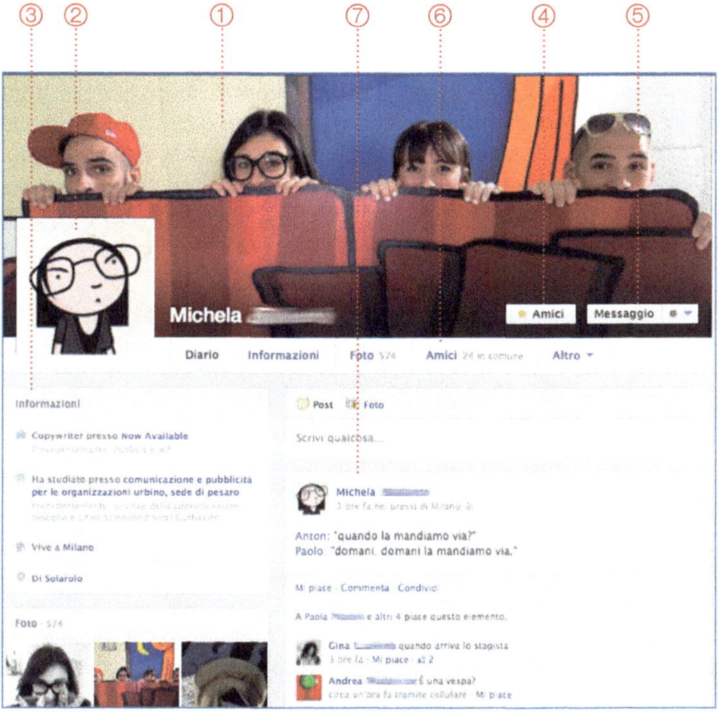

① Copertina. È l'immagine principale che caratterizza graficamente lo spazio personale di ognuno.

② Immagine di profilo. Si tratta dell'avatar che rappresenta questa persona dovunque all'interno del social network (commenti a Stati di amici, Post su Pagine e così via).

③ Informazioni. Un estratto delle informazioni principali legate al profilo (luogo di lavoro, casa ecc.).

④ Lista. Portando il cursore sul pulsante Amici che trovi sulla copertina puoi stabilire che tipo di aggiornamenti vuoi ricevere nella tua pagina principale da parte di questa persona, inserirla all'interno di una lista specifica, vedere i dettagli della vostra amicizia, bloccarla, segnalarla o rimuoverla dagli amici. Puoi inoltre mandare un *poke* a quella persona, suggerirle qualcuno dei tuoi amici che potrebbe conoscere, rimuoverla dagli amici oppure segnalarla/bloccarla a causa di comportamenti inopportuni.

⑤ Messaggio. Tramite questa voce si apre una pagina all'interno della tua casella di posta privata che ti consente di mandare un messaggio a questo amico in forma diretta e non pubblica. Parleremo delle modalità che Facebook ti offre per relazionarti ai tuoi amici nel Capitolo 5.

⑥ Foto, Amici, Altro. I principali contenuti relativi a questa persona sono racchiusi in una serie di sezioni tematiche che vengono riproposte anche lungo la colonna di sinistra.

⑦ Diario. È qui che si snodano i contenuti pubblicati dall'utente o dai suoi amici lungo la linea del tempo.

Ti ricordi quando ci siamo incontrati?

Vedi dettagli amicizia dà accesso a una pagina dedicata alla relazione tra te e il profilo del tuo amico: questa è l'area ideale per un tuffo nel passato, perché ti mostrerà quando è stata stretta la vostra amicizia su Facebook, tutti gli amici che avete in comune, le foto in cui siete taggati insieme, i commenti, i Post che vi siete scambiati e anche le Pagine che seguite entrambi.

NOTA

Un *poke* su Facebook è un modo del tutto generico di interagire con una persona: è come un semplice saluto, una pacca sulla spalla. Quando mandi un poke a un amico, riceverà la notifica da parte di Facebook è bene non abusarne per evitare atteggiamenti troppo invasivi.

Le sezioni tematiche di un amico

Le sezioni tematiche sono caselle di contenuto che approfondiscono la presentazione della persona che stai cercando di conoscere meglio. Al loro interno puoi visualizzare contenuti tematici e svolgere alcune azioni interessanti; vediamoli brevemente uno a uno.

Guarda le foto e dichiara le tue preferenze

Foto è il canale privilegiato per accedere a tutte le foto di questa persona: selezionandolo accedi a un'area che elenca tutti i suoi album, le foto e riporta le immagini in cui questa persona è stata taggata dai suoi amici.

Se tu e la persona in questione siete amici, all'interno di ciascuna foto puoi aggiungere Mi piace, commentarla e condividerla.

Sbircia tra gli amici del tuo amico

Nella sezione Amici si trova la lista di persone che appartengono alla rete del profilo che stai osservando. Puoi anche effettuare una ricerca all'interno della sua rete di contatti tramite il campo dedicato. La sezione ti consente di filtrare gli amici anche sulla base di una serie di categorie (Amici in comune, Aggiunti di recente e così via).

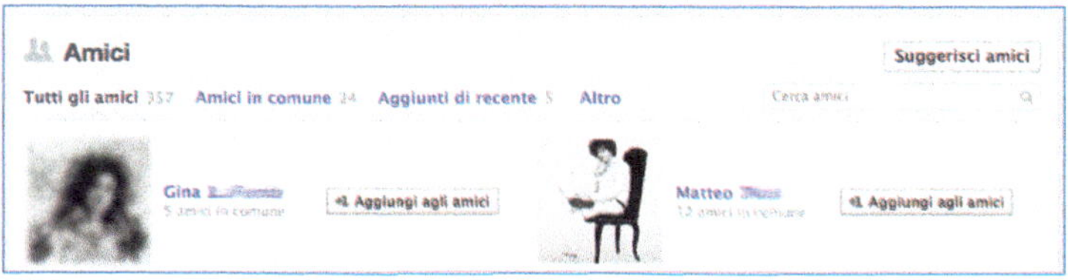

Figura 3.6 Come si presenta la sezione Amici di un profilo utente.

Tutte le altre sezioni

Sotto la voce Altro compaiono tutte le altre sezioni tematiche relative al profilo dell'utente. A seconda delle applicazioni che il singolo utente usa e delle azioni che compie all'interno del social network, potrai trovarne di diverse. Le principali sezioni disponibili sotto la voce Altro e in parte nella colonna di sinistra (personalizzabile) sono Luoghi, Musica, Film, Programmi TV, Libri, "Mi piace", Gruppi, Note e i vari social network connessi a Facebook.

Luoghi è l'area dove Facebook ricorda quali sono stati gli spostamenti di ogni utente e li raccoglie in una mappa. Come? Ogni volta che un utente associa la posizione in cui si trova al suo contenuto (imparerai a farlo nel Capitolo 4), effettua una registrazione in un Luogo o viene taggato in un Luogo da un amico, i contenuti geolocalizzati vengono aggregati all'interno della sua mappa personale.

NOTA

Come vedrai nel **Capitolo 7**, chi usa Facebook dal suo smartphone può effettuare dei checkin virtuali all'interno dei luoghi che frequenta per segnalare alla sua rete di amici che si trova in un determinato posto in quel preciso momento.

Su ognuna delle sue storie geolocalizzate puoi aggiungere commenti o fare clic su Mi piace. Anche su questi contenuti è possibile impostare la visibilità, quindi potresti visualizzare solo una parte dei Luoghi della persona che stai osservando.

Figura 3.7 La mappa di un utente contiene tutti i suoi contenuti associati a un Luogo.

La sezione "Mi piace" indica tutte le Pagine che la persona segue, che possono trovarsi anche suddivise per categoria tematica sotto le voci Musica, Programmi TV, Film e così via.

Tutte le applicazioni che l'utente usa e che dialogano con Facebook vengono riportate sotto questa voce e potrai quindi esplorare le attività che svolge il tuo amico all'interno delle diverse applicazioni.

La colonna di sinistra è personalizzabile e ognuno può metterci le sezioni che desidera nell'ordine che preferisce. A parte quelle già viste, puoi trovare anche una sezione Attività recenti che ti indica le ultime azioni compiute dal tuo amico all'interno del social network.

Il Diario: la storia di un amico su Facebook

Nel corpo centrale della pagina puoi vedere tutto ciò che quella persona ha pubblicato e che lei o i suoi amici hanno condiviso in passato. Contenuti, Eventi a cui hanno partecipato, traslochi, nuovi lavori: ritrovi tutto comodamente ordinato su base cronologica, dal contenuto più recente a quello più vecchio (Figura 3.8).

Nella parte superiore è presente un riquadro tramite il quale puoi pubblicare qualcosa nel Diario del tuo amico.

Il cuore del Diario, scorrendo verso il basso, è costituito dai contenuti che la persona o che altri vi hanno pubblicato nel corso del tempo. Più ti addentri nel passato, più Facebook sceglie i contenuti in modo da fartene visualizzare solo una selezione (mostrando per esempio i contenuti che l'utente ha messo in primo piano, oppure aggregando in un unico contenuto tutti i post degli amici scritti nel giorno del compleanno).

Se hai bisogno di cercare contenuti di un amico su un dato periodo, puoi orientarti nel suo profilo anche tramite la linea verticale che trovi sulla destra. All'interno di ogni contenuto hai la possibilità di intervenire in molti modi, per esempio tramite le opzioni Mi piace, Commenta e Condividi.

Figura 3.8 Il Diario di un amico si compone di tutti i post che pubblica, che scorrono uno sotto l'altro dal più recente al più vecchio.

NOTA

All'interno di Facebook, imparerai a conoscere una serie di altre realtà che non sono semplici utenti ma svolgono altre funzioni: si tratta delle Pagine per le aziende e le realtà commerciali, dei Gruppi per coltivare interessi di vario genere, delle Applicazioni che consentono moltissime attività e dei Luoghi. Queste entità si presentano in maniera differente dai profili personali e hanno funzioni diverse: le esploreremo una a una nel **Capitolo 7**.

Capitolo 4

Costruisci la tua immagine

- Il tuo profilo personale
- Le impostazioni del tuo account
- Come abbandonare Facebook

Il profilo personale è il tuo volto all'interno di Facebook: uno spazio a tua completa disposizione in cui raccogliere le informazioni principali che ti rappresentano, tutto ciò che hai pubblicato, le attività che hai svolto all'interno del social network e anche quello che i tuoi amici hanno condiviso nel tuo Diario.

La gestione del tuo spazio personale è di estrema importanza per apparire in pubblico esattamente come desideri. Probabilmente avrai l'esigenza di presentarti in maniera diversa a seconda di chi ti guarda: un semplice conoscente, un contatto di lavoro e un amico stretto avranno diritto di accedere a contenuti più o meno intimi e personali. Per questo è bene imparare a condividere informazioni e attività, foto e avvenimenti della tua vita in maniera consapevole, modulandone la visibilità.

Il tuo profilo personale

Puoi accedere al tuo profilo facendo clic sulla tua immagine profilo in cima all'area Notizie o nella colonna di sinistra.

Le immagini che ti rappresentano

Le immagini che caratterizzano il tuo profilo personale e, di conseguenza, incidono maggiormente sulla tua reputazione online, sono principalmente due: la copertina e l'immagine di profilo.

La copertina viene visualizzata esclusivamente nella tua pagina personale, quando qualcuno ti trova su Facebook e viene a sbirciare nel tuo profilo oppure quando passa il cursore sul tuo nome che scorre nel suo Newsfeed (Figura 4.1).

È la testata del tuo spazio, e puoi sbizzarrirti a realizzare un benvenuto che ti rappresenti agli occhi di chi ti fa visita online. Come hai potuto apprendere dal Capitolo 2, ha uno scopo squisitamente estetico, pertanto non esistono regole precise da seguire: scegli liberamente l'immagine che preferisci e che ti sembra più adatta in quel momento. Puoi divertirti per esempio a creare continuità tra l'immagine di profilo e la copertina (Figura 4.2).

Figura 4.1 La copertina compare in anteprima passando il cursore sul nome di qualsiasi contatto.

Figura 4.2 Un account che presenta un'interessante continuità tra copertina e immagine di profilo.

In qualsiasi momento potrai sostituirla grazie al pulsante Cambia la copertina.

A differenza della copertina, che viene visualizzata solo nel caso in cui qualcuno apra il tuo profilo personale, l'immagine di profilo ti rappresenta dovunque tu vada a chiacchierare su Facebook. È quella che compare in miniatura nell'area Notizie accanto a ogni tuo intervento insieme al tuo nome e cognome. Anche l'immagine di profilo può essere modificata in qualunque momento passando il cursore sulla foto e facendo clic su Modifica immagine del profilo. Le opzioni che hai a disposizione per aggiornare la tua foto sono le seguenti.

- Scegli dalle foto: ne scegli una tra quelle pubblicate in passato su Facebook.
- Scatta foto: la puoi scattare immediatamente tramite una webcam.
- Carica foto: ne carichi una presente sul tuo computer.
- Modifica la miniatura: puoi trascinare l'immagine all'interno dello spazio definito per centrarla.
- Rimuovi: puoi eliminare l'immagine di profilo per tornare a inserirla in un secondo momento.

Figura 4.3 Le opzioni per modificare l'immagine di profilo.

Le tue informazioni personali

Nel corso della tua vita accadono molte cose: puoi cambiare casa, mettere al mondo dei figli, iniziare una nuova relazione o cambiare lavoro. In qualsiasi momento, quindi, puoi sentire l'esigenza di aggiornare le informazioni inserite in passato.

Basta fare clic sulla voce Informazioni sotto la tua copertina per completare le informazioni già condivise (torna al Capitolo 2 per vedere dettagliatamente come personalizzare ogni sezione delle tue informazioni).

Inoltre, facendo clic su Modifica appare accanto a ogni gruppo di informazioni l'icona che ti consente di modularne la visibilità.

Le attività che ti riguardano

Monitorare l'enorme quantità di Stati, foto, video, Eventi e altre attività che ogni giorno vengono condivisi e pubblicati da tutti i tuoi amici su Facebook è impensabile. Tuttavia, come vedrai nel Capitolo 5, rispondere quando le altre persone ti coinvolgono è buona educazione proprio come lo è rispondere a un SMS o a un'e-mail quando qualcuno chiede una tua opinione. Ma come sapere quando gli amici ti chiamano in causa? Facebook non pretende che tu legga tutti gli aggiornamenti dei tuoi amici giorno e notte, puoi rilassarti: proprio a questo serve l'area Registro Attività, che ti consente di tenere sotto controllo tutte le azioni che hai compiuto, le reazioni che queste hanno scatenato e anche le azioni effettuate dai tuoi amici ma che ti coinvolgono in qualche modo. È un archivio delle attività che ti riguardano su Facebook, ed è accessibile tramite il pulsante omonimo che trovi nella copertina del tuo profilo.

NOTA

Questa pagina è privata e ognuno ha la sua: nessuno potrà vedere il tuo **Registro Attività**, ma solo il suo personale (**Figura 4.4**).

Puoi visualizzare le tue attività anche filtrandole sulla base di alcune categorie: potrai così vedere solo I tuoi post, i Post in cui sei taggata, i Post di altri, i Post che hai nascosto e così via.

Figura 4.4 La pagina Registro Attività ti consente di essere sempre aggiornato su tutte le attività che ti riguardano e che puoi filtrare tramite il menu a sinistra.

I contenuti del tuo Diario

Accanto a ogni contenuto trovi due icone. La prima icona a forma di stella ti consente di mettere il contenuto in evidenza rispetto agli altri.

Figura 4.5 Per dare più visibilità a un contenuto importante puoi metterlo in evidenza sul Diario: verrà contrassegnato dall'icona di una stella.

La seconda icona invece, a forma di matita, regola diverse opzioni di quel contenuto.

Le opzioni di visualizzazione cambiano a seconda del tipo di contenuto, ma in generale potrai decidere se mantenerlo:

- Visibile sul Diario. In questo modo chi visita il tuo Diario potrà vedere quel contenuto, rispettando le impostazioni di visibilità che gli hai attribuito.
- Nascosto dal Diario. Il contenuto non compare sul tuo Diario. Se si tratta di un contenuto di altri in cui sei taggato, lo vedranno gli amici dell'autore ma tu potrai non pubblicarlo nel tuo profilo.
- In evidenza sul Diario. Il contenuto appare un po' più grande rispetto agli altri e verrà contrassegnato dall'icona di una stella.

NOTA

Nel corso del tempo Facebook tende a comprimere i contenuti in modo che, scorrendo nel passato di un Diario, non vengano visualizzati tutti i contenuti postati nel corso degli anni (lo scroll sarebbe infinito!) ma solo alcuni. Le Notizie che metti in evidenza resteranno tra quelle che Facebook rende visibili andando indietro nel tempo.

NOTA

Ricorda che i tuoi interventi su contenuti di altri rispondono alle impostazioni di visibilità scelte dall'autore. Quindi potrai scegliere se farli comparire sul tuo Diario ma non potrai controllarne la visibilità, che dipende dalle impostazioni del profilo su cui sei intervenuto. Se invece sei tu l'autore, potrai anche decidere di nasconderlo dal Diario oppure eliminarlo del tutto. Impareremo a conoscere in dettaglio nel **Capitolo 6** le opzioni per impostare la visibilità.

Come scelgo cosa mostrare nel mio Diario?

Non c'è una regola che stabilisca cosa devi visualizzare e cosa invece è meglio nascondere dal tuo Diario. Ricorda sempre che il Diario è la tua pagina online, ti rappresenta e racconta chi sei, quindi quando qualcuno ti tagga in una foto, quando ascolti un brano e Spotify lo pubblica in automatico, quando un amico pubblica un post sul tuo Diario, decidi se mantenerlo visibile (ed eventualmente modularne la visibilità) oppure nasconderlo sulla base di ciò che ti sembra quel contenuto possa dire di te.

Le tue aree tematiche

Sotto la tua copertina e nella colonna di sinistra trovi alcune aree tematiche che danno accesso ad altre sezioni del tuo profilo. A seconda delle applicazioni installate nel tuo account e delle attività che svolgi, compariranno aree diverse: non tutti i profili presentano le stesse. Di seguito vediamo le principali.

Figura 4.6 Alcune aree tematiche che potresti trovare nel tuo profilo.

La colonna di sinistra di un profilo è variabile perché ognuno sceglie di mostrare le sezioni che preferisce nell'ordine desiderato. Le uniche sezioni fisse, che non potrai cambiare, sono Informazioni, Foto, Amici e Attività recenti. A queste, puoi aggiungere nella colonna di sinistra le altre sezioni che ritieni siano importanti da evidenziare nel tuo profilo (vedremo tra poco come).

Tutti i tuoi amici

L'area Amici ti consente di accedere alla lista delle persone appartenenti alla tua rete. Al suo interno, le persone sono suddivise in categorie (Università e Lavoro per esempio).

In questa pagina, in alto a destra, trovi due pulsanti. Richieste di amicizia ti consente di accedere alla lista di tutte le persone che hanno richiesto di entrare in contatto con te e che hai lasciato in sospeso. Trova i tuoi amici ti suggerisce invece persone che potresti conoscere ma che ancora non sono nella tua rete di contatti, individuate sulla base dei dati che hai dichiarato (per esempio la città in cui vivi o il tuo lavoro).

Figura 4.7 L'area del tuo profilo dedicata ai tuoi amici.

Nel Capitolo 5 vedremo che puoi entrare in relazione non solo con amici ma anche con altre persone che effettivamente non conosci, ma di cui potresti voler leggere gli aggiornamenti pubblici (personalità istituzionali, professionisti stimati del tuo settore). Da questo box accedi alla lista di persone di cui ricevi gli aggiornamenti, le Persone seguite.

Allo stesso modo, anche tu puoi consentire a chi è interessato ai tuoi contenuti ma non ti conosce di seguire i tuoi aggiornamenti pubblici. In questo caso, vedrai quindi il box Seguaci, che indica chi sono le persone iscritte alla ricezione dei tuoi aggiornamenti; eventualmente puoi restringere la visibilità anche di questa lista.

Per definire la visibilità delle diverse categorie della tua area Amici, seleziona l'icona della matita che si trova in alto a destra della sezione e Modifica privacy (Figura 4.8).

Come personalizzare la colonna di sinistra?

Per inserire nella colonna di sinistra le aree che più ti rappresentano nell'ordine che preferisci, oltre a quelle fisse, devi fare clic sull'icona accanto a **Trova i tuoi amici** e poi su **Modifica sezioni**. In questo modo potrai selezionare solo le sezioni che vuoi mostrare nella tua colonna e trascinarle per posizionarle nell'ordine desiderato.

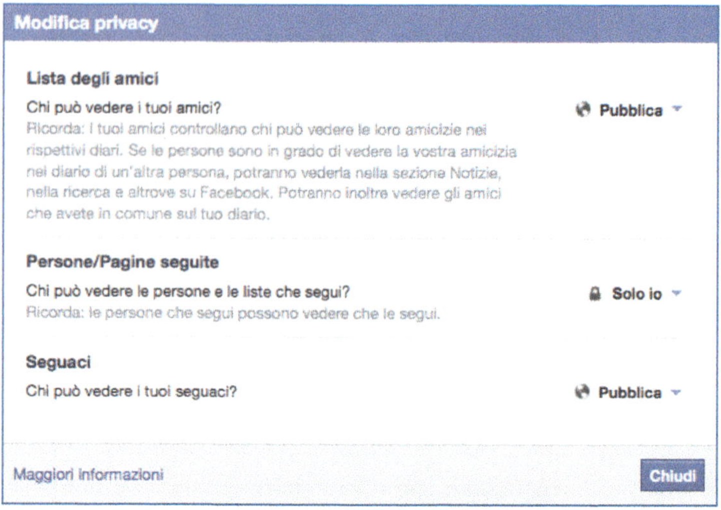

Figura 4.8 Le opzioni di visibilità per la tua area Amici.

Le tue foto e i tuoi album

All'interno dell'area Foto hai a portata di mano tutte le tue immagini. L'area è suddivisa in quattro categorie.

- Foto in cui ci sei tu. Raccoglie tutte le foto pubblicate dai tuoi amici e dove sei stato taggato. Quando ti taggano in una foto, non puoi definire il pubblico per quella foto, dato che dipende dalle impostazioni dell'autore, ma puoi decidere se renderla visibile sul tuo Diario oppure no.
- Foto. Qui trovi tutte le foto che hai pubblicato nel corso del tempo, e per ognuna di queste puoi stabilire il pubblico.
- Album. Viaggi, cerimonie, momenti importanti: puoi creare un album per ogni momento speciale che verrà raccolto qui, e anche decidere chi può visualizzarlo.

NOTA

Oltre agli album che crei tu, Facebook ne genera automaticamente alcuni: **Foto del Diario**, dove trovi tutte le foto che hai pubblicato nel corso del tempo nel tuo Diario per condividerle con gli amici, **Immagini di copertina**, **Immagini del profilo** e **Caricamenti dal cellulare** (che raccoglie le immagini pubblicate dal tuo smartphone). Se usi Instagram, troverai anche un album dedicato alle foto realizzate e condivise con quella app.

- Senza tag. Facebook ti invita ad apporre tag sulle foto non taggate che popolano il tuo profilo.

NOTA

Se deciderai di nascondere alcune immagini dal tuo Diario, potrai facilmente ritrovarle grazie all'opzione **Vedi le foto nascoste sul tuo Diario** sotto l'icona che trovi in cima alla sezione.

Ricorda sempre che le immagini delle tue copertine e le tue immagini profilo sono le uniche a essere sempre pubbliche e visibili a chiunque ti cerchi su Facebook, non solo ai tuoi amici.

Le attività che puoi svolgere su ogni foto (ma anche sugli album) sono molto varie. A seconda che si tratti di foto in cui sei stato taggato, che hanno condiviso sul tuo Diario o che hai pubblicato tu, troverai delle opzioni diverse. Le passiamo in rassegna tutte in modo che tu sappia riconoscerle e utilizzarle correttamente.

- Mi piace: un modo semplice per esprimere il tuo apprezzamento.
- Commenta: puoi commentare le tue foto, e in questo modo eventuali persone taggate riceveranno la notifica che hai commentato una foto in cui compaiono.
- Non seguire più il post: disabiliti le notifiche in modo da non essere avvisato se qualcuno interviene su quella foto.
- Condividi: puoi pubblicare di nuovo le foto nel tuo Diario, nel Diario di un amico, in una Pagina o in un Gruppo.
- Modifica: puoi cambiare tutti i dati (titolo, posizione in cui quelle foto sono state scattate, data, descrizione, privacy) o aggiungerli se non lo avevi fatto in fase di caricamento.

Figura 4.9 Le principali opzioni che trovi per le tue foto.

- Elemento condiviso con: scegli chi desideri che possa vedere la tua foto.
- Tagga la foto: ti consente di segnalare quali amici sono presenti, o comunque di associare quella foto ad amici che vuoi entrino a farne parte.
- Aggiungi/Modifica posizione: ogni foto può essere associata a una posizione: quando inizi a digitare il nome del luogo nel campo indicato, Facebook ti presenta alcune opzioni di Luoghi presenti su Facebook in modo da rendere la posizione "linkabile" a un luogo specifico. Se non trovi la posizione desiderata tra le opzioni proposte, puoi limitarti a inserire il nome del luogo, senza necessariamente collocarlo all'interno di una mappa e creare il collegamento ipertestuale.
- Modifica: per aggiungere una descrizione, un tag, una posizione o una data.

Sotto alla foto, puoi trovare inoltre queste voci.

- Tagga la foto.
- Opzioni: oltre ad altre possibilità già viste, questa voce ti consente di ruotare la foto, scaricarla, ottenere il suo link, impostarla come immagine di profilo o come copertina, eliminarla o visualizzarla a schermo intero.

- Condividi: la puoi postare sul tuo Diario, su quello di un amico, in un Gruppo o in una Pagina oppure mandarla tramite messaggio privato.
- Invia: serve per allegarla a un messaggio privato.
- Mi piace.

La mappa geografica dei tuoi contenuti

Un'intera sezione del tuo profilo è dedicata ai tuoi spostamenti. Quando pubblichi storie e foto che includono una località o quando ti registri in qualche posto, questi luoghi vanno a comporre la tua mappa personale.

Sarà così possibile navigare tra i tuoi contenuti anche su base geografica e vedrai a colpo d'occhio quali posti hai frequentato di più. In cima alla mappa trovi i contenuti geolocalizzati filtrati per tipologia (Avvenimenti importanti, Foto, Recenti): facendo clic su una di queste categorie, Facebook ti restituisce sulla mappa i risultati selezionati.

Figura 4.10 L'area del tuo profilo dedicata alla tua mappa sociale.

Facendo clic su Aggiungi Luoghi, in cima alla mappa, Facebook ti propone una serie di contenuti pubblicati in passato che potrai quindi associare ai posti che desideri.

Tutto ciò che "Mi piace"

All'interno del box "Mi piace", Facebook ti consente di gestire tutte le Pagine che segui.

> NOTA
>
> Per iniziare a seguire una Pagina devi selezionare **Mi piace** al suo interno. Scoprirai tutti i dettagli del rapporto tra Pagine e utenti nel **Capitolo 7**.

In cima all'area "Mi piace" trovi una serie di categorie dentro le quali sono state inserite le Pagine che segui, che sono in parte le stesse che vengono ripescate per andare a completare le altre sezioni tematiche (Musica, Libri, Film, Programmi TV, Giochi, Atleti, Squadre, Persone che ammiri).

La parte più alta della pagina è dedicata ai Suggerimenti: puoi decidere di fare Mi piace sulle Pagine che ti vengono proposte oppure effettuare una ricerca *ad hoc* di qualche realtà che ti interessa.

> **La voglio seguire ma non mi piace!**
>
> Non è detto che tutte le realtà che ti interessa seguire ti piacciano per forza e che quindi tu voglia associarle al tuo profilo. Nessun problema: puoi modificare la visibilità di ogni singola categoria di Pagina oppure non visualizzare affatto la sezione **Mi piace** nel tuo profilo (**Figura 4.11**).

L'area dove appuntare le Note

Le Note sono elementi di testo che, a differenza dei semplici aggiornamenti di Stato, hanno più opzioni di formattazione (neretto, sottolineato, corsivo, punti elenco e così via); di conseguenza si presentano più simili a un articolo vero e proprio. Si è spesso vociferato sull'intenzione di Facebook di eliminare le Note, ma non è mai stato ufficializzato se questa funzionalità verrà mantenuta o scomparirà dal social network.

Figura 4.11 Nell'area "Mi piace" del tuo profilo puoi modificare la visibilità di ogni categoria.

Tutte le altre aree

In generale, se colleghi al tuo account di Facebook altri tuoi profili su altri social network, è possibile che li ritroverai come area dedicata all'interno del tuo profilo. Come gli altri, puoi decidere se renderli visualizzabili all'interno del tuo Diario oppure se nasconderli (Figura 4.12).

Il Diario: come gestirlo

Il tuo Diario è il tuo profilo, la tua pagina personale accompagnata da una linea del tempo verticale, nella quale passa tutta la tua vita pubblica. Uno strumento utile, complesso e divertente per ricordare il tuo passato. Il tuo Diario si aggiorna automaticamente tutte le volte che pubblichi un nuovo Stato, una foto, un video: quei contenuti vengono archiviati subito all'interno di quel preciso momento temporale, a meno che tu non specifichi date diverse.

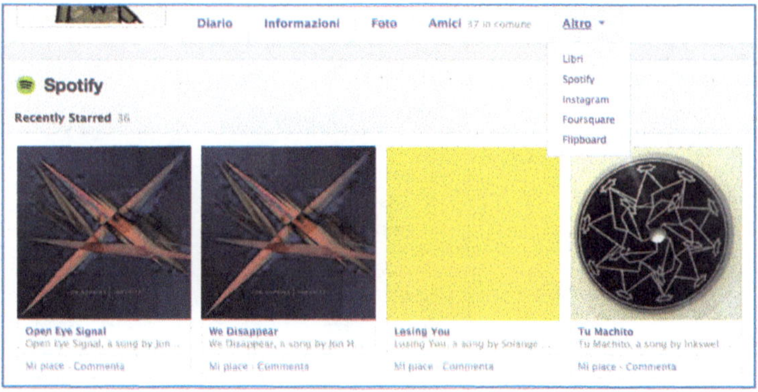

Figura 4.12 Nel tuo profilo possono comparire aree diverse a seconda delle applicazioni collegate al tuo account.

Ciò non significa tuttavia che il tuo archivio personale, la tua vita online, si debba limitare al periodo di tempo che inizia da quando hai creato il tuo profilo. Facebook traccia infatti un'immaginaria linea dalla tua data di nascita a oggi, consentendoti di inserire anche a posteriori eventi, foto e video che caratterizzano momenti della tua vita passata.

Pubblica uno Stato

Quando vuoi pubblicare un nuovo Stato, una foto, un video o qualsiasi contenuto all'interno del Diario, lo puoi fare in due modi: nella home page, sopra all'area Notizie, e dal tuo profilo personale. I due box ti domandano entrambi A cosa stai pensando? ma sono diversi. Il box destinato alla pubblicazione di contenuti nella home page è una versione semplificata del secondo.

① Aggiorna Stato. Puoi aggiornare il tuo profilo con un elemento di solo testo.

> NOTA — Il limite massimo di caratteri per uno Stato è elevatissimo, ma se devi postare un contenuto molto lungo forse ti conviene usare una Nota per renderlo più leggibile con le opzioni di formattazione.

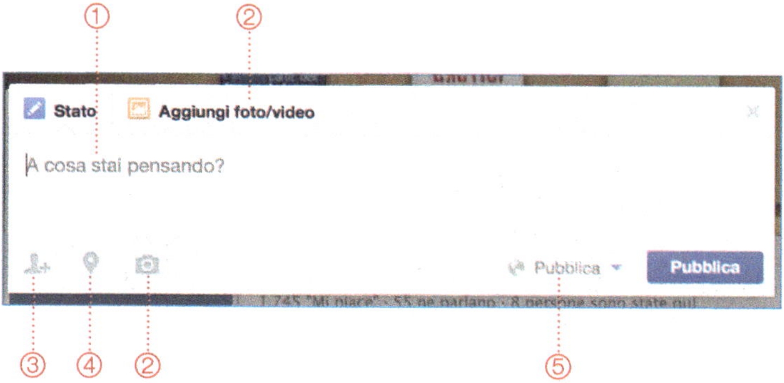

② Aggiungi foto/video. Puoi condividere una foto o un video tramite upload o tramite la tua webcam, oppure ancora creare un intero album dove inserire delle nuove foto.

③ Chi è con te. Puoi taggare gli amici che sono con te in quel momento o che vuoi coinvolgere.

④ Dove sei. Puoi localizzare il tuo Stato sulla mappa. Se lo compili, questo Stato verrà poi archiviato anche nella tua mappa personale.

⑤ Restrizioni di visibilità. Ogni volta che pubblichi qualcosa su Facebook, puoi decidere che tipo di visibilità desideri per quel contenuto: possono vederlo tutti coloro che ti cercano online? Solo i tuoi amici? Soltanto quelli più stretti? Le impostazioni di visibilità dei tuoi contenuti verranno affrontate nel Capitolo 6.

Il campo che trovi invece all'interno della tua pagina di profilo è più complesso. Oltre alle voci già viste sopra, un'ulteriore opzione ti consente di arricchire il Diario con i momenti del passato per te più importanti e significativi, quelli che Facebook chiama Traguardi (Figura 4.13).

Tramite Avvenimento importante puoi legare il tuo evento a molte categorie tematiche, come Lavoro e istruzione o Famiglia e relazioni.

Figura 4.13 Le opzioni per scrivere qualcosa all'interno del tuo Diario prevedono anche l'inserimento di Traguardi.

Sulla base della categoria tematica che scegli, Facebook ti offre in un semplice percorso guidato altre possibilità per individuare l'evento che vorresti inserire nel tuo profilo e arricchirlo di un commento, una foto, un link. La voce Anno ti consente di inserire l'aggiornamento in una data passata nel tuo Diario, per ritrovarlo sulla linea temporale mentre sfogli i tuoi ricordi.

NOTA

Se all'interno del tuo Stato pubblichi il link a una pagina web che vuoi condividere, spesso compariranno – associati al link – un titolo, una descrizione e a volte anche l'anteprima di una delle immagini (se ce n'è più di una) presenti all'interno di quella pagina. Facendo clic su titolo e descrizione puoi modificare i testi per personalizzarli come preferisci. Quanto all'immagine in anteprima, potrai scorrere quelle disponibili e scegliere quella che ti piace di più.

L'evoluzione del profilo personale

Il Diario è una novità introdotta negli ultimi mesi del 2011 da Facebook. Prima, il profilo non era che una pagina che aggregava in maniera cronologica i contenuti pubblicati dall'utente e dai suoi amici senza la possibilità di ricercarli filtrandoli su base temporale. L'unico modo per leggerli era scorrerli lungo la pagina dai più recenti ai più vecchi, che inevitabilmente potevano essere visti solo dopo numerosi passaggi. Inizialmente realizzato su due colonne separate dalla linea del tempo, si presenta ora come un'unico spazio da dove gli Stati si trovano uno sotto l'altro, come abbiamo visto nelle pagine precedenti.

Le impostazioni del tuo account

Le caratteristiche più generali del tuo profilo possono essere gestite tramite la voce Impostazioni, che trovi tra le opzioni della freccia a destra nella barra in alto.

Una volta dentro quest'area, ti puoi orientare utilizzando il menu nella colonna di sinistra. Ognuna delle voci può essere modificata con il pulsante Modifica a destra.

Generale

La prima sezione che visualizzi è l'area Generale: qui puoi impostare gli aspetti basilari del tuo account.

Figura 4.14 Le Impostazioni generali dell'account.

Nell'area Nome, puoi modificare il nome e cognome con cui sei iscritto e aggiungere un eventuale secondo nome. Molte persone sono conosciute tramite un soprannome oppure alcune donne hanno due cognomi, da sposate e da nubili: in questi casi si può utilizzare il campo Nome alternativo (tra le opzioni della voce Nome), che può essere incluso nel profilo in modo da emergere nelle ricerche.

Quando modifichi o aggiungi informazioni in quest'area, Facebook ti chiede di inserire la tua password per poter salvare le nuove informazioni. Ricorda di immetterla e fare clic su Salva modifiche per rendere effettivo l'aggiornamento desiderato.

L'area Nome utente serve per creare un link del tuo spazio su Facebook. Se per esempio inserisci come Nome utente "nomecognome", il tuo profilo sarà raggiungibile tramite il link `http://facebook.com/nomecognome`. Se qualcuno ha già scelto l'URL che vorresti utilizzare tu, ti verranno proposte delle alternative. È consigliabile impostare un indirizzo il più facile possibile, in modo da poterlo segnalare durante una conversazione o, perché no, sul tuo biglietto da visita.

NOTA

Pensaci bene: una volta impostato, questo campo può essere modificato una sola volta.

Mi trovi su Facebook!

Non sottovalutare l'importanza del link al tuo profilo: potrebbe rivelarsi spesso molto utile. A seconda di quanti omonimi hai su Facebook e di come utilizzi lo strumento, potresti avere bisogno di renderti inconfondibile: quale modo migliore se non avere un indirizzo personale che indica il tuo account? In base a come lo utilizzi, potrebbe essere una buona idea inserire il link diretto al tuo profilo Facebook sul biglietto da visita, accanto a e-mail e telefono.

Nell'area E-mail puoi trovare l'indirizzo che hai indicato in fase di iscrizione (puoi inserirne più di uno). L'account che selezioni come principale è quello a cui arriveranno tutte le notifiche e le comunicazioni da parte di Facebook. Viene inoltre creato un indirizzo e-mail di Facebook con il tuo nome utente, che risponderà quindi all'indirizzo `nomeutente@facebook.com`, a meno che non sia già stato preso da qualche omonimo (in questo caso Facebook te ne proporrà di alternativi). A questo punto qualunque e-mail tu riceva a questo indirizzo verrà archiviata all'interno della tua area messaggi di Facebook.

Per cambiare la password, occorre fare clic su Modifica accanto alla voce password e inserire quella attuale seguita da quella nuova (che dovrai ripetere due volte) negli appositi campi.

Reti ti consente di iscriverti ai gruppi di cui fai parte offline: l'università che hai frequentato, il tuo circolo sportivo, la tua scuola di musica e così via. Segnalando le reti a cui appartieni, saltuariamente Facebook ti suggerirà nella colonna di destra altri utenti che ne fanno parte e potrebbero quindi essere tuoi amici.

NOTA

Attenzione: la tua rete principale verrà visualizzata accanto al tuo nome e cognome nei risultati delle ricerche in cui emerge il tuo profilo. Se non ti fa piacere che quella rete sia la prima cosa che si vede di te, non inserirla.

Dalla voce Lingua puoi selezionare la lingua principale in cui vuoi che Facebook ti parli ogni giorno. Facendo clic sulla voce Scarica una copia dei tuoi dati di Facebook, puoi scaricare un archivio di tutti i contenuti che hai condiviso in passato nel tuo profilo.

NOTA

Le sezioni **Protezione**, **Privacy, Diario e aggiunta di tag** e **Blocco** sono ampiamente analizzate nel **Capitolo 6**, interamente dedicato a come proteggere la privacy su Facebook.

Notifiche

Tramite questa sezione puoi impostare a tuo piacere quali notifiche desideri ricevere. Nel grande flusso di informazioni e attività che quotidianamente popolano Facebook, le notifiche ti possono servire a essere avvisato solo su ciò che per te è veramente importante: sei stato taggato in una foto? Un amico ti ha mandato un messaggio privato? Qualcuno ha commentato il tuo aggiornamento di Stato? Questa è l'area giusta per scegliere che cosa non vuoi perderti e viceversa evitare di ricevere e-mail per attività che non ti interessano.

La pagina è suddivisa in due macro-aree. L'area Modalità di ricezione delle notifiche ti permette di decidere in che modo desideri essere avvisato delle novità:

- su Facebook, tramite l'icona a forma di globo che ti segnala con un numero le ultime attività;
- via e-mail;
- sullo smartphone, grazie alle notifiche push (se hai installato l'app di Facebook, ti arriva un avviso per ogni notifica impostata);
- via SMS, attivando l'apposito servizio mobile.

L'area Elementi per cui ricevi le notifiche invece ti consente di scegliere su che tipo di attività vuoi essere avvisato. Puoi decidere quindi di ricevere una notifica per tutte le Attività che ti riguardano (ogni volta che qualcuno ti tagga in una foto o commenta uno dei tuoi post), per le Attività degli amici più stretti (ogni aggiornamento e attività che svolgono le persone appartenenti alla lista così chiamata), per tutti i Tag che gli amici applicano al tuo profilo, per tutte le attività dei tuoi Seguaci (se ne hai), per tutte le Pagine che gestisci, le Attività nei gruppi e le Richieste e attività delle applicazioni. Puoi impostare le tue notifiche facendo clic su Modifica accanto a ogni voce.

Per cellulare

Quest'area delle impostazioni consente di associare al tuo profilo uno o più numeri e di utilizzare dal cellulare le principali funzioni di Facebook.

> Nota
> **Per avere tutte le informazioni su Facebook Mobile, puoi andare all'indirizzo `https://www.facebook.com/mobile/`.**

In presenza di un contratto di telefonia mobile che preveda la connessione Internet dal telefono, l'ideale è scaricare l'applicazione ufficiale per utilizzare al meglio tutte le funzioni di Facebook. Se invece non hai uno smartphone oppure non hai un contratto che ti consente di navigare, Facebook ti dà la possibilità di utilizzare la funzione SMS per svolgere molte azioni, tra cui aggiornare il tuo Stato, fare Mi piace a una Pagina e aggiungere un amico. Per conoscere il linguaggio che ti consente di svolgere tutte le attività da SMS consulta il link `https://www.facebook.com/mobile/?texts`.

Per attivare la funzione SMS puoi seguire la procedura guidata che prevede l'invio di un SMS a un numero da cui riceverai un codice di attivazione.

NOTA

Facebook non applica alcuna tariffa aggiuntiva per questo servizio. Sono applicati i costi stabiliti dal tuo operatore di telefonia mobile.

Seguaci

Se svolgi un ruolo pubblico, il tuo lavoro ti porta a conoscere molte persone o se in definitiva pensi che qualcuno possa avere interesse a seguire ciò che hai da dire ma non abbastanza confidenza per richiedere la tua amicizia, allora puoi attivare la possibilità di seguirti, spuntando l'opzione all'interno delle impostazioni. Così facendo, chi ti segue leggerà nella sua area Notizie i tuoi contenuti postati con visibilità pubblica, in modo tale che tu possa continuare a condividere con i tuoi amici o con liste dei tuoi amici i tuoi aggiornamenti più personali. In questa sezione puoi anche decidere chi può commentare i tuoi post pubblici e di che attività svolte dai tuoi seguaci ricevere le notifiche.

Applicazioni

Puoi anche personalizzare le impostazioni di ogni singola Applicazione a cui hai consentito l'accesso, nei limiti imposti da ciascuna di queste. Facendo clic sulla voce Applicazioni della colonna di sinistra, si apre una pagina che ospita l'elenco di tutte le tue applicazioni, da quella utilizzata più di recente a quella che usi meno.

Ricorda che la maggior parte delle applicazioni che usi non è di proprietà di Facebook ma è stata sviluppata da esterni, quindi hai concesso a terzi l'accesso ad alcuni dei tuoi dati e delle tue informazioni necessari per il corretto funzionamento dell'Applicazione. Puoi modificare in parte i dati a cui le Applicazioni hanno accesso, ma solo quelli che non sono ritenuti requisiti fondamentali per la sua operatività. Anche in questo caso, quindi, non è possibile analizzare tutte le impostazioni caso per caso, dato che ognuna ne avrà di diverse.

In generale, quando fai clic su Modifica accanto all'Applicazione di cui vuoi personalizzare le impostazioni, si aprono una serie di dati e informazioni a cui questa ha accesso, che puoi in parte modificare o rimuovere. Per impedire a un'Applicazione di svolgere una specifica attività sul tuo profilo o di accedere a un gruppo di informazioni, fai clic sulla croce accanto alla relativa voce.

> **Nota** – Fai attenzione: se rimuovi qualche impostazione da un'Applicazione non puoi più tornare indietro, a meno che tu non la voglia disinstallare e poi reinstallare.

Se da questa pagina noti che qualche Applicazione ha accesso a troppi dati o compie attività che ti danno fastidio, puoi rimuoverla completamente dal tuo profilo con un clic su Rimuovi applicazione. Per esempio, la Figura 4.15 mostra le impostazioni per l'Applicazione di TripAdvisor, dove puoi vedere i suoi diritti.

Figura 4.15 Le impostazioni dell'applicazione di TripAdvisor su Facebook.

> NOTA
> Il fatto che sia possibile rimuovere qualche permesso non garantisce comunque che l'Applicazione abbia performance identiche a quelle di prima.

Inserzioni di Facebook

Quest'area ti consente di regolare le impostazioni in relazione alle inserzioni pubblicitarie.

Facebook cerca di rendere la tua esperienza di navigazione il più personalizzata possibile, per questo chiama *inserzioni sociali* i messaggi pubblicitari che vengono associati alle azioni eseguite dai tuoi amici. Per esempio, quando compare nel tuo profilo un'inserzione che ti invita seguire una Pagina, potrebbe apparire in associazione a quel messaggio anche quali dei tuoi amici la stanno già seguendo.

Facebook non vende i tuoi dati agli inserzionisti e sei tu a scegliere quali informazioni sei disposto a condividere (in forma anonima) per uso pubblicitario tramite le impostazioni di quest'area o quelle di privacy, che vedremo nel Capitolo 6.

Figura 4.16 Un'inserzione sociale.

Riguardo alle inserzioni sociali è bene sapere che:

- il messaggio dell'inserzionista viene associato ad azioni che hai realmente eseguito sul social network (per esempio un Mi piace su una Pagina);

- la relazione tra il tuo account e le inserzioni sociali risponde alle impostazioni sulla privacy che hai dato al tuo account (Capitolo 6);
- i tuoi dati e le tue informazioni non vengono mai venduti agli inserzionisti;
- solo i tuoi amici possono vedere le tue azioni accanto alle inserzioni sociali;
- qualora venga usata all'interno di un'inserzione una tua foto, sarà sempre la tua immagine di profilo e mai una foto tratta dai tuoi album.

Selezionando Inserzioni nella colonna di sinistra di Impostazioni account, hai accesso a una pagina di delucidazioni in merito alla questione. Puoi attribuire un'impostazione specifica alle inserzioni facendo clic su Modifica accanto a Siti di terzi o Inserzioni e amici: nella pagina che si apre puoi scegliere tra Solo i miei amici (e quindi alla tua rete di contatti potranno comparire pubblicità associate a una tua azione) oppure Nessuno (in questo caso escludi che il tuo profilo compaia in qualsiasi annuncio).

Pagamenti

Mentre utilizzi giochi e Applicazioni, potresti avere bisogno di acquistare *crediti*, una valuta virtuale di Facebook. Puoi comprarli utilizzando la carta di credito, un account PayPal, un cellulare e altri metodi di pagamento. Per acquistarli o controllare il tuo saldo, accedi alla scheda Pagamenti.

NOTA

Quando segnali una carta di credito nel tuo account, Facebook addebita un importo minimo per verificare che la carta sia valida. Questo addebito è temporaneo e dovrebbe essere annullato entro 3-5 giorni lavorativi.

Da quest'area puoi vedere anche la cronologia dei crediti acquistati in passato, cambiare il metodo di pagamento selezionato e modificare la valuta con cui desideri effettuare le transazioni.

Dashboard di assistenza

Se dovessi effettuare una segnalazione o richiesta di assistenza a Facebook, la dovresti trovare archiviata in quest'area che ti aggiorna sullo Stato della tua segnalazione.

NOTA **È molto difficile che Facebook gestisca ogni caso, quindi potrebbe limitarsi a prendere atto della tua segnalazione senza elaborare alcun feedback personalizzato.**

Come abbandonare Facebook

È bene sapere qual è il percorso che ti consente di interrompere i tuoi rapporti con questo social network.

Le modalità sono due: disattivare l'account o eliminarlo. La prima è una scelta meno definitiva che ti lascia la possibilità in futuro, qualora tu cambiassi idea, di riprendere in mano l'account senza perdere contenuti e informazioni; la seconda è invece definitiva.

La voce Disattiva il tuo account si trova dopo aver fatto clic nella barra in alto sulla freccia a destra, e poi su Impostazioni, all'interno della voce Protezione nel menu a sinistra. Se scegli questa opzione Facebook non rimuoverà del tutto il tuo account ma lo sospenderà. Al momento della disattivazione, Facebook ti pone una serie di domande: il motivo del tuo abbandono, se vuoi chiudere i tuoi Gruppi, se vuoi continuare a ricevere e-mail da Facebook, se vuoi eliminare tutte le applicazioni che hai sviluppato tu.

Quando confermi, il tuo account entra in una condizione di stand by in cui sarà come se non esistesse, ma potrai tornare ad accedervi e ritrovare tutti i tuoi dati e le tue informazioni in qualsiasi momento effettuando di nuovo l'accesso con i medesimi nome utente e password.

In alternativa, puoi scegliere di eliminare definitivamente il tuo account. Rifletti bene prima di farlo: sei sicuro di non voler usare più Facebook nemmeno in futuro? Desideri che il tuo account insieme a tutti i suoi dati e le informazioni venga eliminato per sempre? Se sei convinto di non voler concedere al tuo account alcuna possibilità di ripristino, puoi inviare la tua richiesta tramite il link `http://on.fb.me/3qsIFP`. Se decidi di fare clic su Elimina account all'interno di questa pagina, non potrai mai più recuperare alcun contenuto. Se non vuoi perdere tutti i tuoi dati, puoi sempre scaricarne un archivio come visto poche pagine fa nella sezione Generale di Impostazioni.

Capitolo 5

Coltiva le relazioni

- Come entrare in contatto
- Gestisci i rapporti con le persone
- Taglia i ponti

Il motivo principale per cui le persone si iscrivono a Facebook e lo utilizzano nel quotidiano è coltivare i rapporti con gli amici. Nelle pagine che seguono imparerai a trovare i tuoi amici online, sviluppare con loro una relazione all'interno del social network e anche troncare i rapporti.

Come entrare in contatto

Il contatto tra persone può avvenire in molti modi: direttamente oppure all'interno di profili pubblici, Applicazioni, Pagine o Gruppi. Questi ultimi due casi verranno trattati nel Capitolo 7.

La relazione con una persona può cominciare nella forma più classica, e cioè tramite la richiesta di amicizia. In questo caso il rapporto è simmetrico: entrambe le parti approvano il contatto.

NOTA

Facebook consente un numero massimo di 5000 amici.

In alternativa, si può attivare una relazione più simile ad altri social network cosiddetti asimmetrici, come Twitter, in cui puoi seguire le persone e leggere ciò che scrivono senza che necessariamente loro seguano te. Nel caso di personaggi pubblici o colleghi di lavoro particolarmente autorevoli con cui non hai confidenza, puoi limitarti a ricevere tra le tue Notizie gli aggiornamenti che condividono in maniera pubblica. Come? Una volta trovato il profilo che cerchi, fai clic su Ricevi gli aggiornamenti accanto ad Aggiungi agli amici. Se non trovi il pulsante, significa che quella persona non ha attivato la ricezione dei suoi aggiornamenti.

Trova le persone che conosci

Trovare i tuoi amici è molto semplice, e lo sarà sempre di più quanto maggiori saranno gli amici che entreranno a far parte della tua rete. Facebook ha infatti un evoluto sistema di suggerimento di persone che potresti conoscere, che si basa sui tuoi dati e le informazioni che condividi. Ti proporrà quindi le persone che hanno frequentato la tua scuola e che hanno più o meno la tua età, che hanno lavorato nello stesso posto nello stesso periodo o persone della città dove vivi, sempre privilegiando profili con cui hai già qualche amico in comune.

In fase di iscrizione potresti aver trovato i primi amici grazie alla ricerca di contatti dei tuoi account e-mail.

A questo punto puoi trovare altre persone con cui stringere amicizia principalmente in due modi: effettuando una semplice ricerca o ricorrendo alla voce Trova i tuoi amici.

Effettua una ricerca per trovare il tuo amico

Puoi cercare una persona tramite nome, cognome o soprannome attraverso il campo di ricerca della barra superiore. Quando inizi a digitare la tua chiave di ricerca, Facebook ti propone in un menu a tendina un'anteprima di risultati utili (per esempio i profili dei tuoi amici che hanno quel nome): se nessuno di questi risultati ti soddisfa, fai clic sull'icona di caricamento in fondo al menu. A questo punto si apre una pagina dedicata ai risultati (Figura 5.1); se non riesci a riconoscere il tuo amico dalla foto del profilo, l'unica strada che ti resta è quella di aprire i vari profili e leggere le informazioni di base disponibili (per esempio la città o il lavoro). Se nemmeno così riesci a trovarlo, non ti resta che chiedergli per altre vie di aggiungerti alla sua rete (ecco perché è importante che tu scelga un'immagine di profilo e un nome riconoscibili).

Lo strumento Trova i tuoi amici

Se fai clic sulla voce Trova i tuoi amici all'interno della tua area dedicata agli amici, accedi a uno strumento che ti propone una serie di profili selezionati sulla base di ciò che sa di te, e potrai setacciare le sue proposte sulla base di diversi filtri come la tua città di nascita, la città in cui vivi, il lavoro attuale o un lavoro passato, l'università o la scuola e così via (Figura 5.2).

Figura 5.1 I risultati di ricerca di un profilo.

Figura 5.2 Lo strumento Trova i tuoi amici.

> NOTA
>
> Se vuoi cercare qualcuno che hai conosciuto tramite amici, puoi anche cercarlo all'interno dell'area **Amici** della persona che vi ha presentato.

Richiedi l'amicizia

Quando hai rintracciato la persona che ti interessa inserire all'interno della tua rete, invia la tua richiesta di amicizia facendo clic sul pulsante Aggiungi agli amici accanto al suo profilo. Nel momento in cui mandi l'invito, Facebook ti permette di inserire questa persona all'interno di una delle tue liste in modo da trovare il suo profilo correttamente archiviato se accetterà la tua richiesta.

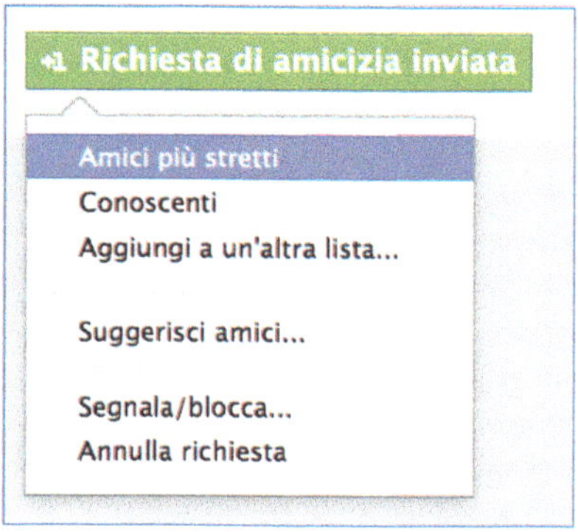

Figura 5.3 Dopo aver inviato la richiesta di amicizia, puoi selezionare una lista all'interno della quale vuoi che il contatto sia inserito nel momento in cui accetta.

Nota

Per gestire le liste, devi selezionare quella che vuoi modificare nel menu che si apre in cima alla colonna di destra. Verrà visualizzata una pagina dedicata a tutti i contenuti postati dai contatti appartenenti a quella lista e nella colonna di destra, oltre a vedere chi ne fa parte, puoi fare clic su **Modifica** per rinominarla, aggiungere o rimuovere contatti o decidere che tipo di aggiornamenti leggere da queste persone.

Quando mandi una richiesta a una persona puoi anche inviarle un messaggio per presentarti, rinfrescarle la memoria su come vi siete conosciuti o semplicemente salutarla tramite il pulsante Invia messaggio accanto allo Stato della tua richiesta.

Nota

Se fai clic su **Aggiungi agli amici** ma subito dopo te ne penti, puoi sempre annullare la richiesta di amicizia facendo clic su

Richiesta di amicizia inviata. Tuttavia, se questa persona ha attivato le notifiche e-mail per le richieste di amicizia, leggerà nella sua Posta in arrivo la tua richiesta, che però non troverà online.

Accetta o ignora la richiesta di amicizia

Quando qualcuno richiede la tua amicizia, un numero bianco su fondo rosso comparirà sopra all'icona che indica gli amici nella barra superiore ().

Quando ti arriva una richiesta di amicizia puoi scegliere Conferma oppure Non ora. Nel primo caso la persona rientra immediatamente nella tua rete e può iniziare a visualizzare il tuo profilo così come lo hai impostato per gli amici o per la lista all'interno della quale la inserisci; nel secondo caso, Facebook ti chiede se conosci questa persona al di fuori del social network: se rispondi di no, non le permetterà di richiederti l'amicizia in futuro. Se fai clic qui per sbaglio, accanto trovi il pulsante Annulla, che puoi selezionare se in realtà non desideri bloccarla.

Aprendo la pagina Richieste di amicizia (Figura 5.4) dal pulsante in cima all'area Amici, trovi un'area suddivisa in due parti: tutte le richieste di amicizia in sospeso, e più sotto le Persone che potresti conoscere, che ti suggerisce Facebook sulla base di ciò che sa di te.

Gestisci i rapporti con le persone

Proprio come nelle relazioni offline, ci sono persone che sentirai più vicine perché scrivono cose interessanti o ti fanno spesso sorridere. Come dimostrarlo online?

In generale, coltivare le relazioni su Facebook o nella vita reale non è poi così diverso: è sempre questione di buon senso. Se qualcuno ti scrive o si rivolge a te, è buona educazione rispondere esattamente come accade di persona. L'unica differenza è che qui tutto rimane per iscritto e, a seconda delle impostazioni di visibilità, può essere disponibile a un pubblico più o meno allargato.

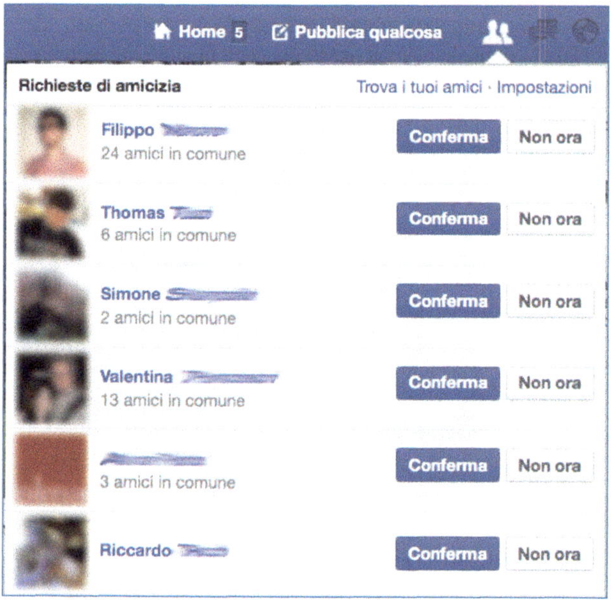

Figura 5.4 Le nuove richieste di amicizia ti vengono segnalate grazie all'icona dedicata nella barra in alto.

Apprezza i contenuti degli altri

Quando le persone comunicano, hanno spesso bisogno di approvazione. Se tra le Notizie dei tuoi amici leggi qualcosa che ti fa sorridere o riflettere, oppure ti fa sentire sulla stessa lunghezza d'onda, puoi dimostrarlo (Figura 5.5).

Se vuoi dar loro un segnale di apprezzamento discreto e semplice, fai clic su Mi piace. Se invece vuoi esprimere la tua opinione o chiedere delucidazioni puoi scrivere un commento. Infine, se vuoi condividere un contenuto attribuendo la giusta paternità puoi usare il pulsante Condividi. Facebook ti chiederà allora se vuoi associare un testo a quel contenuto. Dall'interno del box che ti consente la condivisione puoi scegliere che visibilità dare a questo contenuto e anche dove pubblicarlo: se nel tuo Diario, all'interno di uno dei Gruppi a cui sei iscritto o all'interno di una Pagina (Figura 5.6).

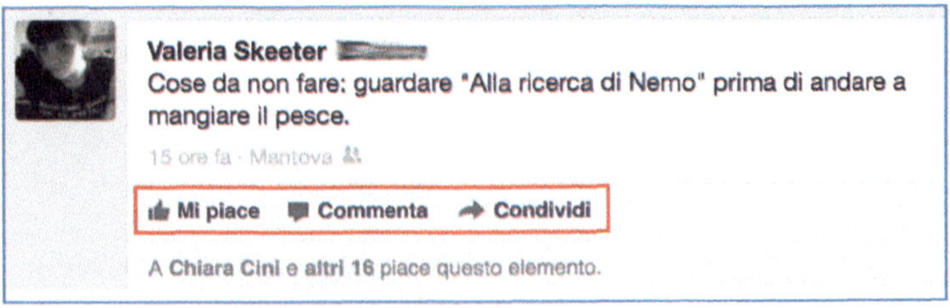

Figura 5.5 Le principali azioni che si possono svolgere sullo Stato di un amico: Mi piace, Commenta e Condividi.

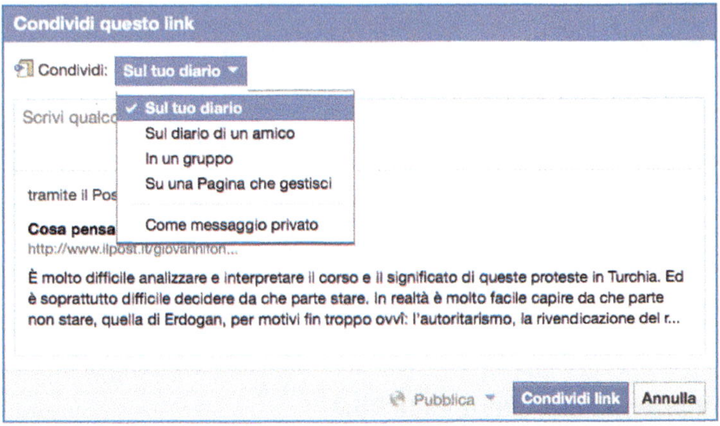

Figura 5.6 Quando condividi un contenuto, puoi decidere dove condividerlo e che visibilità attribuirgli.

Se qualcuno condivide un contenuto, è possibile vederlo subito sotto lo Stato condiviso, prima dei messaggi. Se compi una di queste tre azioni, è possibile che il tuo amico riceva una notifica.

> **NOTA** Mentre scrivi un commento allo Stato di un amico, se premi Invio il testo viene pubblicato. Se vuoi andare a capo, devi tenere premuti i tasti Maiusc+Invio.

Quando fai clic su Mi piace, lasci un commento allo Stato di un amico o ne condividi il contenuto, queste azioni scorrono nel Riquadro degli aggiornamenti dei tuoi amici e vengono archiviate nel Registro attività del tuo Diario. Inoltre, i tuoi interventi all'interno del Diario del tuo amico sono soggetti alla visibilità che lui ha impostato per lo Stato su cui sei intervenuto (potrebbe essere pubblico, visibile ai suoi amici o avere altre restrizioni). In ogni caso, ricorda che stai intervenendo sul profilo di un'altra persona, quindi cerca di mantenere sempre toni educati anche se sei arrabbiato: è possibile che quello Stato sia visibile al suo capo o a persone a cui è legato da rapporto professionale. Rispetta il suo profilo in quanto luogo pubblico.

Quando invece sono i tuoi amici a commentare il tuo Stato, sta al tuo buon senso decidere se rispondere e come, ricordando sempre che ciò che scrivi rimane nel tempo e che ha una forma più pubblica rispetto a una conversazione a due che potrebbe avvenire al bar o per strada.

Se in Impostazioni account > Notifiche hai chiesto a Facebook di avvisarti quando qualcuno commenta un contenuto che hai commentato anche tu potrebbe diventare fastidioso ricevere continue notifiche nel caso di Notizie che danno vita a discussioni accese. Per questo esiste la voce Non seguire più il post, che puoi selezionare dalla freccia in alto a destra nel riquadro del post che hai commentato: con un solo clic potrai chiedere a Facebook di non mandarti più notifiche su quel contenuto.

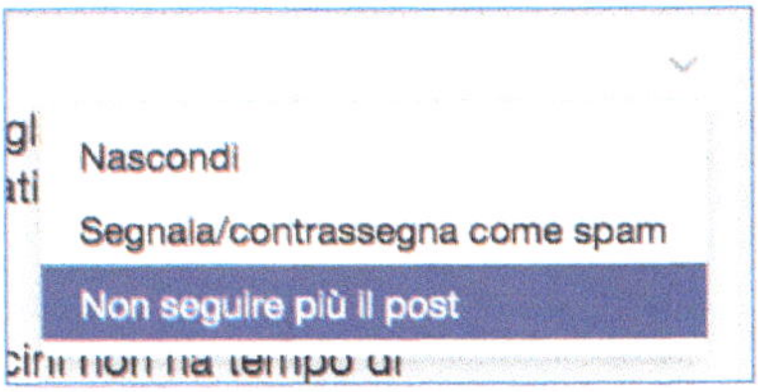

Figura 5.7 Se non vuoi più ricevere notifiche relative a un post che hai commentato puoi disattivarle tramite la voce Non seguire più il post.

Coinvolgi gli amici

Un altro modo di portare avanti le relazioni con gli amici di Facebook è coinvolgerli nei contenuti che pubblichi e che in qualche modo li riguardano.

Lo strumento utilizzato più di frequente è il *tag* che può essere applicato alle foto e ai testi. Se vuoi scrivere qualcosa facendo riferimento a una conversazione passata, se vuoi ripetere una battuta o scrivere qualcosa che condividi in particolare con uno dei tuoi amici, allora puoi taggarli. Puoi farlo in tre modi:

- tramite l'icona all'interno del campo A cosa stai pensando;
- digitando il simbolo @ seguito dal nome della persona che vuoi taggare;
- semplicemente digitando un nome che inizia con una maiuscola e selezionando la persona tra le opzioni proposte da Facebook.

In questo modo il nome della persona selezionata conterrà un link al suo profilo. Se non vuoi inserire nel tuo testo il suo nome e cognome per esteso per evitare strani formalismi all'interno della tua frase, dopo aver fatto clic per selezionare il profilo desiderato puoi cancellarne il nome oppure il cognome: il tag si manterrà ugualmente.

Figura 5.8 Uno Stato che contiene tag.

NOTA

Se cancelli più caratteri del nome o del cognome per storpiarli, il tag non funziona: Facebook non inserisce il link al profilo e la persona non riceve alcuna notifica. Il tuo resta quindi in questo caso un semplice testo.

Come funziona un tag

Tag in inglese significa "etichetta": si tratta di una stringa di contenuto che apponi a qualche oggetto online per definirlo meglio. Quando lo applichi, associando uno o più amici, Gruppi o Pagine a un contenuto, chi viene taggato potrebbe ricevere una notifica. Come vedremo nel **Capitolo 6**, Facebook consente di impostare un controllo sui tag: è possibile decidere se far comparire sempre nel proprio Diario gli elementi su cui si viene taggati oppure se approvarli uno a uno. Se una persona è stata taggata in un elemento altrui, riceve tutte le notifiche relative a nuovi commenti o **Mi piace** su quell'elemento. Essendo quindi il tag un'azione così impattante sul profilo dell'altro utente, ha il vantaggio di attirare l'attenzione delle persone e coinvolgerle, ma è consigliabile non abusarne per non rischiare di diventare eccessivamente invadenti e fastidiosi.

Se il contenuto da condividere con una persona specifica non pensi possa interessare gli altri amici che ti leggono su Facebook, allora probabilmente aggiornare il tuo profilo taggandola non è la strada migliore: in questo caso puoi pubblicare un Post nel suo Diario. Così facendo, il tuo Post (una foto, un link, uno Stato) scorrerà nel Riquadro degli aggiornamenti dei tuoi amici, verrà visualizzato nel Diario del tuo amico a seconda delle sue impostazioni di visibilità e sarà visibile anche nel tuo Diario secondo le tue impostazioni (Figura 5.9).

Se invece sei tu a essere taggato in un Post o se qualcuno scrive nel tuo Diario, la tua reazione va ponderata sulla base del contesto e delle relazioni, proprio come avviene nel caso di un commento a un tuo Stato. Infine, puoi anche lasciare commenti o Mi piace relativamente a uno Stato di qualcuno di cui semplicemente ricevi gli aggiornamenti ma che non è parte della tua rete di amici.

Figura 5.9 Quando un amico pubblica un Post nel Diario di un altro amico, nel tuo Newsfeed viene indicato con una freccia tra i nomi dei due contatti.

Anche in questo caso i tre strumenti analizzati possono aiutarti a instaurare una relazione con queste persone, con le quali non puoi interagire in altro modo, a meno che il loro Diario non sia aperto e chiunque possa scrivere Post (eventualità piuttosto improbabile).

Figuracce ai tempi di Facebook: essere inopportuni

Può succedere di incappare in situazioni imbarazzanti a causa dell'apertura di Facebook. Scrivere in commento allo Stato di un amico una battuta riguardo a una confidenza fatta la sera prima, oppure condividere un Post nel suo Diario offendendolo per qualche motivo, potrebbe metterlo in una situazione difficile nei confronti della sua rete di amici, a cui possono appartenere persone più o meno intime. Se qualcuno ti lascia commenti inopportuni o Post fastidiosi nel Diario, cosa fare? In generale censurare ciò che gli altri scrivono può farti risultare antipatico e noioso. Tuttavia in casi estremi (per esempio parolacce o insulti) è tuo diritto cancellare i contenuti pubblicati sul tuo profilo per tutelare la tua reputazione online. Eventualmente puoi scrivere all'autore del contenuto cancellato e spiegargli il motivo della tua scelta. Infine, puoi decidere di troncare il rapporto con questa persona se è eccessivamente fastidiosa, come vedrai in fondo a queste pagine. Se lo ritieni opportuno, puoi anche chiudere il tuo Diario in modo che gli amici non possano pubblicare Post al suo interno selezionando **Impostazioni** > **Chi può aggiungere cose sul mio Diario** (vedi il **Capitolo 6**).

Scegli il contenuto giusto per il giusto pubblico

L'utilizzo delle liste è fondamentale per gestire al meglio le relazioni. Organizzare gli amici in liste è semplice, grazie all'aiuto di Facebook che ti propone delle liste facilitate sulla base delle informazioni che dichiari. Una volta che un amico entra a far parte della tua rete, passando il cursore sul pulsante Amici, si aprono una serie di liste preimpostate e avrai anche la possibilità di crearne di nuove.

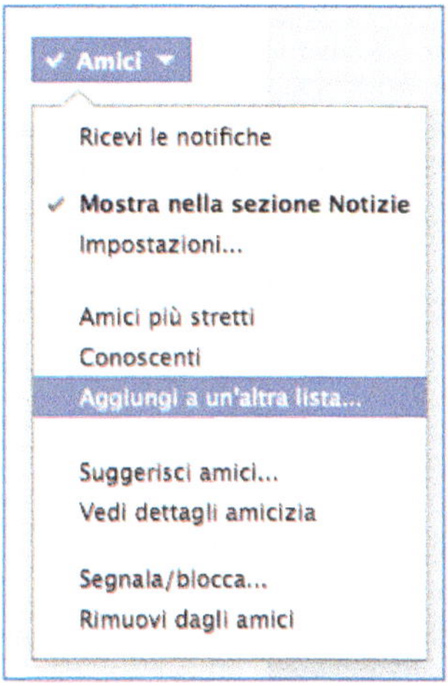

Figura 5.10 Ogni contatto può essere inserito all'interno di liste preimpostate o create da te ex novo.

NOTA

Se aggiungi utenti alla tua lista **Con restrizioni**, questi potranno visualizzare solo i tuoi contenuti pubblici o i post in cui li tagghi. È la lista ideale per un capo che non vuoi conosca gli affari tuoi o una mamma un po' troppo curiosa.

Dopo aver inserito gli amici in liste a seconda del tipo di legame (amici più stretti, colleghi, compagni di sport e così via), sarà più facile pubblicare il contenuto adatto a ogni diversa cerchia di amici, evitando per esempio di condividere con i colleghi o i propri studenti le foto di un weekend romantico.

Tenendo sempre i contatti ordinati, puoi gestire in maniera più consapevole le impostazioni di visibilità dei contenuti che pubblichi: puoi impostare il tuo account in modo che di norma tutto ciò che pubblichi sia visibile solo a tutti i tuoi amici oppure solo alla lista di amici più stretti (impareremo a farlo nel Capitolo 6). Inoltre, puoi modificare caso per caso la visibilità di ogni contenuto prima di pubblicarlo.

Se per esempio sei un insegnante, l'utilizzo di liste è fondamentale per scindere la tua vita privata da quella professionale e consentire ai tuoi studenti di accedere solo a una parte dei contenuti che pubblichi. Potresti creare una lista per tutti i tuoi studenti e anche una lista per ogni classe, così da condividere contenuti generici sulla scuola con la prima lista e poi altri contenuti più specifici, per esempio relativi al programma di studi, solo con le singole classi. Ricorda sempre che in alternativa, per la gestione della tua reputazione professionale, puoi decidere di non far entrare studenti e colleghi nella tua rete di amici ma invitarli a seguire i tuoi aggiornamenti pubblici ed eventualmente seguire i loro se li hanno attivati.

Nota

Se sei un insegnante o in generale un professionista che vuole usare Facebook anche per lavoro, puoi scegliere di creare una o più Pagine da aggiornare con contenuti indirizzati a pubblici diversi, oppure di creare Gruppi dedicati a singoli argomenti o singole classi (per saperne di più su Pagine e Gruppi leggi il **Capitolo 7**).

Gli aggiornamenti pubblici per le relazioni meno personali

Puoi coltivare relazioni anche attraverso gli aggiornamenti pubblici, attivabili in qualsiasi momento.

Come? Seleziona la voce Seguaci nelle Impostazioni e poi Attiva la possibilità di seguirti. A questo punto puoi decidere chi può commentare i tuoi Post pubblici e se ricevere le notifiche sui nuovi utenti che ti seguono.

Se qualcuno decide di ricevere i tuoi aggiornamenti, probabilmente è interessato a qualcuno dei temi di cui sei esperto: se vuoi mantenere viva la sua attenzione, ricorda di condividere aggiornamenti e opinioni in maniera pubblica riguardo a quel tema. È anche possibile che qualcuno scelga di seguire i tuoi aggiornamenti per discrezione, per non invadere il tuo spazio privato con una richiesta di amicizia: in questo caso sta a te decidere se aggiungerlo alla tua rete oppure no.

Se invece sei tu a decidere di seguire un personaggio pubblico o autorevole nel tuo settore, avrai la possibilità di dimostrare il tuo interesse con i pulsanti Mi piace, Commenta e Condividi. Spesso in questi casi i commenti, le domande e le richieste sono moltissimi ed è normale che non tutti ricevano risposta.

Messaggi privati, chat e videochat per scambiarsi confidenze

Facebook è anche uno strumento utile per le conversazioni private. Se hai bisogno di dire qualcosa a un amico, allora puoi inviargli un messaggio, scrivergli in chat oppure attivare una videochiamata.

Messaggi e chat

All'area in cui vengono archiviati messaggi e chat è dedicata l'icona  della barra superiore. Quando vedrai comparire un numero in concomitanza dell'icona, significa che qualcuno ti ha scritto privatamente. Può trattarsi di un messaggio inviato come e-mail oppure di qualcuno che ti ha cercato in chat senza trovarti.

Puoi inviare un messaggio a una persona tramite diversi percorsi: per esempio, facendo clic sull'icona si apre un box e al suo interno, in alto a destra, puoi selezionare la voce Invia un messaggio. A questo punto si apre un ulteriore box, all'interno del quale hai anche la possibilità di allegare un file o una foto. In alternativa, andando sul profilo della persona a cui vuoi scrivere privatamente, trovi il pulsante Messaggio sotto alla copertina. Facendo clic invece sulla voce Messaggi della tua colonna di sinistra, si apre una pagina interamente dedicata alla tua posta.

Sulla sinistra, vedi le ultime conversazioni (in azzurro quelle che contengono messaggi che devi ancora leggere). Facendo clic su una conversazione, questa si apre nello spazio centrale per essere visualizzata meglio.

Alcuni messaggi, che Facebook non reputa degni della Posta in arrivo, vengono relegati sotto la cartella Altri, a cui puoi accedere selezionando la voce dedicata all'interno dell'area Messaggi. In questa area della posta vengono archiviati di default i messaggi di persone che non appartengono alla tua rete, secondo un filtro di base che puoi modificare attraverso la voce Modifica preferenze. Qui, puoi decidere di rendere il filtro ancora più restrittivo in modo che nella Posta in arrivo vengano archiviati soprattutto i messaggi degli amici, mentre tutti gli altri finiscano in Altri. Per ogni nuovo messaggio nella cartella Altri non ricevi alcuna notifica, pertanto è bene controllare saltuariamente che non sia finito lì per sbaglio qualche contatto interessante. Se così fosse, è consigliabile segnalarlo a Facebook selezionando Azioni in cima al messaggio e Sposta nella posta in arrivo, in modo tale che i futuri contatti vengano ospitati lì.

NOTA

Ad aprile 2013 Facebook ha sperimentato anche in Italia i messaggi privati a pagamento, che consentirebbero di far comparire il proprio messaggio nella **Posta in arrivo** di qualcuno che non appartiene alla propria rete di amici anziché nella cartella **Altro**. L'obiettivo è ridurre lo spam in arrivo soprattutto verso persone che godono di una certa notorietà, e pertanto il costo sarà stimato sulla base di un algoritmo che ne stima la popolarità. La funzione non è ancora stata rilasciata su tutti i profili ma è possibile che ciò accada nei prossimi mesi.

Se invece desideri scrivere a qualcuno in chat, trovi tutti i tuoi amici online nella colonna a sinistra.

① Amici in chat. All'interno di questo elenco puoi riconoscere quali amici sono presenti in chat tramite il bollino verde accanto al loro nome.

② Ricerca. Se non sono tra quelli visualizzati, puoi utilizzare la casella di ricerca in fondo alla colonna.

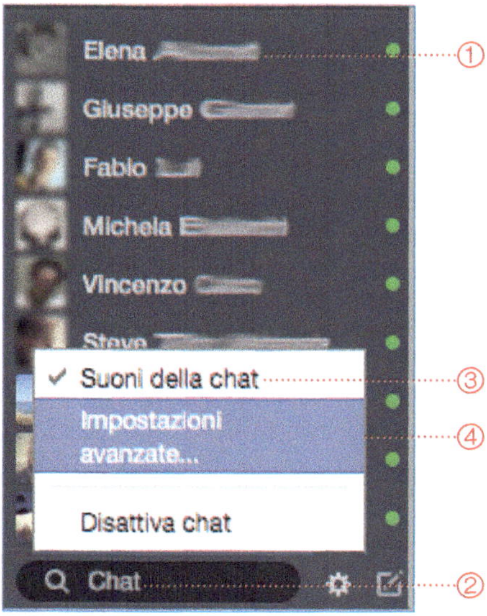

③ Suoni della chat. Per attivare o disattivare una notifica audio. Trovi questa opzione con un clic sull'icona a forma di ingranaggio in fondo alla colonna.

④ Impostazioni avanzate. Puoi impostare la tua chat scegliendo tra Attiva la chat per tutti gli amici tranne, che ti consente di escludere amici troppo invadenti, Attiva la chat solo per alcuni amici, che ti permette di essere visibile solo per una ristretta selezione di amici che decidi tu, e Disattiva la chat. Quando qualcuno ti scrive in chat anche se non sei presente, i suoi messaggi finiscono nella Posta in arrivo.

Facendo clic sul nome della persona a cui vuoi scrivere, si apre un box in basso a destra, all'interno del quale puoi scrivere in tempo reale.

Nell'area più in alto della singola chat in corso, puoi vedere tre icone: la prima serve per aggiungere altri amici a quella chat, la seconda è la videochat e l'ultima è relativa alle impostazioni della chat in corso.

Facendo clic sulle impostazioni della chat puoi selezionare queste diverse opzioni (Figura 5.11).

Figura 5.11 Una chat in corso e le sue possibili impostazioni.

- Aggiungi file: per mandare un allegato.
- Aggiungi amici alla chat: puoi avviare una chat multipla (che verrà sempre archiviata come messaggio).
- Passa online: per renderti visibile se sei impostato offline.
- Visualizza conversazione completa: apre lo storico degli scambi tra te e questa persona.
- Disattiva conversazione: disattiva le notifiche su smartphone e impedisce l'apertura di quella chat.
- Cancella discussione: elimina l'attuale scambio.
- Segnala come spam o abuso: può succedere che un tuo amico sia vittima di un'azione di phishing e quindi invii spam anche via chat. Se si apre una chat contenente un unico link o un testo che potrebbe essere sospetto, non fare clic e segnala a Facebook la chat in modo che possa effettuare le opportune verifiche sull'account segnalato.

> **Nota** Il *phishing* è un'attività finalizzata a rubare ("pescare") dati sensibili, come per esempio il numero di carta di credito, tramite l'adescamento soprattutto via e-mail ma anche tramite altre modalità di contatto. Diffida sempre di chi ti scrive un'e-mail promettendoti la vincita di un premio e in cambio ti chiede di comunicare alcuni dei tuoi dati.

Videochiamate

Facendo clic sull'icona relativa alla videochiamata, puoi attivare una conversazione video, a patto che sia tu sia il tuo interlocutore abbiate la webcam collegata o integrata con il computer, e abbiate installato il software per la riproduzione di videochiamate.

Se vuoi installare questa funzione nel tuo account di Facebook, devi completare una procedura di configurazione guidata, che è molto rapida. Qualora l'altra persona non abbia abilitato questa funzionalità nel suo account, quando provi a videochiamarla riceverà da Facebook un avviso e potrà scegliere di installarla oppure no.

Taglia i ponti

Nel corso del tempo potrai sentire la necessità di rivedere il tuo rapporto con qualche persona che appartiene alla tua rete di amici. Potresti voler tagliare i ponti a causa di un litigio offline, perché qualcuno scrive in continuazione cose che disturbano la tua sensibilità oppure perché semplicemente cambiano i rapporti e non vuoi più avere notizie così di frequente da parte di qualcuno. Facebook ti offre diverse possibilità più o meno definitive per rivedere il legame tra te e questa persona: impedirle di leggere i tuoi contenuti, annullare gli aggiornamenti (o limitare il tipo di Post da visualizzare) oppure rimuoverla dai tuoi amici.

Impedisci a qualcuno di leggere tutti i tuoi contenuti

Su ogni contenuto che pubblichi puoi impostare la visibilità che desideri tramite il pulsante dedicato. Da qui, puoi scegliere l'opzione Amici tranne conoscenti, in modo da impedire la lettura a tutti gli amici che hai inserito nella lista Conoscenti, oppure, se scegli l'opzione Personalizzata, puoi indicare una a una le persone o le liste a cui vuoi nascondere il contenuto (Figura 5.12).

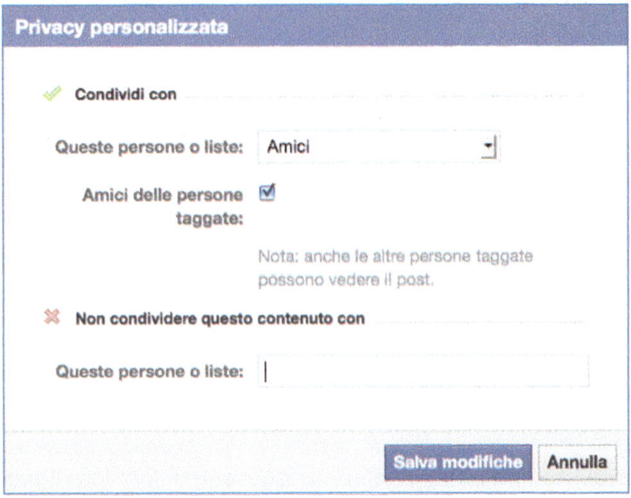

Figura 5.12 Le opzioni di visibilità che puoi scegliere per ogni contenuto.

Infine, se inserisci le persone che desideri escludere da qualsiasi aggiornamento nella lista Con restrizioni, queste leggeranno in automatico solo i tuoi contenuti condivisi con visibilità pubblica.

Annulla o riduci gli aggiornamenti

Se nella tua area Notizie ricevi troppo spesso aggiornamenti di persone che trovi fastidiose o non ti interessano, puoi decidere di non riceverne più oppure di limitarli.

I percorsi per farlo sono due: direttamente dalla tua area Notizie oppure dall'interno del profilo del tuo amico.

All'interno della tua home page puoi fare clic sulla freccia che trovi accanto a ogni Notizia. A questo punto si aprono tre opzioni (Figura 5.13).

- Nascondi: non compare più nella tua home page.
- Segnala/contrassegna come spam: chiedi a Facebook di effettuare un controllo.

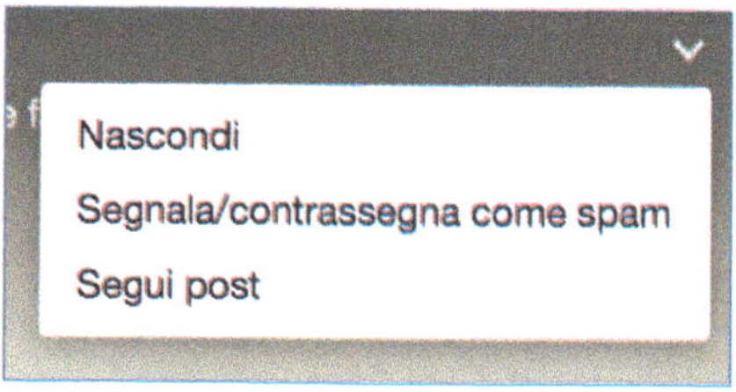

Figura 5.13 Puoi intervenire su ogni Notizia che scorre nel tuo Newsfeed in modo da nasconderla, segnalarla o iniziare a seguirla.

- Segui post: ti avvisa con una notifica di ogni nuovo commento a quel post, qualora tu lo trovassi particolarmente interessante e volessi seguire gli sviluppi di quella conversazione.

Facebook attiva come impostazione predefinita la ricezione degli aggiornamenti da parte di tutti i tuoi amici, sulla base dell'EdgeRank, che stabilisce quali contenuti Facebook suppone che ti interessino di più. A seconda anche delle liste a cui appartengono, vengono ricevuti tutti gli aggiornamenti, solo una parte oppure nessuno. Puoi tuttavia cambiare, ogni volta che lo desideri, il tipo di aggiornamento da attivare per ogni utente o ogni lista: basta andare sul suo profilo, fare clic sul pulsante Amici > Impostazioni e selezionare l'opzione che preferisci.

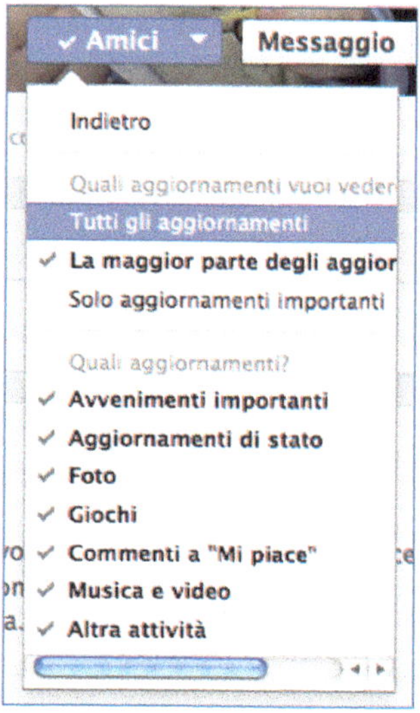

Figura 5.14 Dal profilo di ogni amico, puoi scegliere se far scorrere i suoi aggiornamenti nel tuo Newsfeed, e se sì anche che tipo.

- Tutti gli aggiornamenti: trovi nella home page tutto ciò che scrive questa persona.
- La maggior parte degli aggiornamenti: leggi una selezione di ciò che pubblica.
- Solo aggiornamenti importanti: leggi solo gli aggiornamenti importanti, stabiliti da Facebook sulla base dei tuoi comportamenti.

Deselezionando gli aggiornamenti, la persona non dovrebbe più comparire nella tua home page, salvo casi eccezionali. Inoltre, puoi anche scegliere che tipologie di aggiornamenti attivare (aggiornamenti di Stato, foto, giochi e così via).

Rimuovi una persona dai tuoi amici

Se invece desideri rimuovere del tutto qualche amico dalla tua rete, puoi farlo in due modi.

Quando lo vedi nella tua area Notizie, puoi portare il cursore sul suo nome: compare una finestra che presenta alcune informazioni di base, tra le quali un pulsante che indica in quale rapporto siete (in che lista questo amico è inserito). Selezionandolo compaiono una serie di opzioni che ti consentono di inserirlo all'interno di qualche altra lista. In fondo alle opzioni trovi la voce Rimuovi dagli amici.

In alternativa, puoi entrare all'interno del profilo della persona in questione e fare clic sul pulsante Amici: si apre lo stesso elenco di opzioni.

Se decidi di rimuovere qualcuno dai tuoi amici, questa persona continuerà a ricevere i tuoi aggiornamenti pubblici, a meno che tu non decida di bloccarla tramite il pulsante Segnala/Blocca.

Quando rimuovi un contatto, non gli viene inviata alcuna notifica, e se ne potrà accorgere soltanto arrivando sul tuo profilo e vedendo che non è più tra i tuoi amici.

Capitolo 6

Proteggi la privacy

- La visibilità di ciò che pubblichi
- Le impostazioni che proteggono il tuo account
- I dubbi principali sulla privacy

Nel corso degli anni Facebook è diventato il luogo per eccellenza dove condividere tutte le proprie storie e informazioni personali; di conseguenza, il tema della privacy è estremamente delicato e discusso. Se da una parte Facebook rappresenta una minaccia concreta per la riservatezza, d'altra parte non bisogna dimenticare le possibilità che il social network offre per proteggere i dati da sguardi indiscreti e utilizzi non graditi. Per questo è bene imparare a impostare il proprio account correttamente in modo da tutelarlo il più possibile.

Se è indubbio che tutto ciò che pubblichi sul tuo profilo può in qualche modo essere condiviso contro la tua volontà da altre persone, e che tutte le tue informazioni sono archiviate nei server di Facebook, è altrettanto vero che puoi modulare la visibilità del tuo profilo e dei dati con grande profondità.

> **NOTA**
> Ti potrà capitare di leggere tra le tue Notizie aggiornamenti allarmisti legati a nuove funzionalità che minacciano la tua privacy: molte persone tendono a ricondividerle sul loro profilo senza verificarne l'attendibilità. Niente panico: molto spesso si tratta di bufale, quindi leggi con attenzione la presunta minaccia e cerca di capire, andando alla fonte, quanto questa sia reale. Il tema della privacy è estremamente complesso e importante. Questo capitolo accenna a grandi linee agli strumenti principali per tutelarsi, ma se ti interessa puoi approfondire all'indirizzo `https://www.facebook.com/about/privacy/`.

La visibilità di ciò che pubblichi

Su quasi tutte le informazioni di base e le storie che condividi sul tuo Diario puoi impostare le restrizioni di visibilità che desideri. In linea di massima, accanto a qualsiasi cosa pubblichi, trovi le icone  o , che ti consentono di impostare il pubblico che vuoi.

Scegli il pubblico per i tuoi contenuti

Tutto ciò che condividi all'interno del tuo profilo può essere impostato al momento della pubblicazione, ma anche a posteriori, in modo da essere visualizzato solo da chi vuoi tu, come vedremo tra poco.

La visibilità dei contenuti al momento della pubblicazione

Le opzioni di visibilità di ogni Stato (e in linea di massima di tutti gli altri dati che condividi) sono quelle che seguono.

Figura 6.1 Le opzioni di visibilità attribuibili a ogni Stato.

- Pubblica. Chiunque può vedere questo contenuto, anche coloro che non appartengono alla tua rete di amici e ti cercano all'interno di Facebook, quindi cerca di utilizzare questa impostazione solo sulle informazioni e i dati meno intimi e sensibili. Per esempio, puoi condividere pubblicamente dei link ad articoli che ti sono sembrati interessanti, senza entrare nella tua sfera privata.
- Amici. Tutti i tuoi amici possono vedere il contenuto su cui hai impostato questa restrizione; chi non appartiene alla tua rete non lo potrà vedere prima che tu abbia accettato la sua richiesta di amicizia.

- Amici tranne conoscenti. Il tuo Stato è visibile a tutti i tuoi amici tranne coloro che hai inserito nella lista preimpostata Conoscenti.
- Solo io. Hai caricato questo contenuto per non dimenticare un momento o un'esperienza personale a cui tieni, ma non vuoi condividerlo con nessuno: potrai vederlo soltanto tu.
- Personalizzata. Quest'opzione ti consente di rendere il contenuto visibile ad Amici di amici, Amici, Persone o liste specifiche, Solo io oppure a una o più reti a cui hai associato il tuo profilo. Inoltre, tramite questa voce potrai anche nascondere il contenuto a un singolo profilo specifico o a un'intera lista.

> **Nota** La restrizione personalizzata si adatta bene a quei contenuti che vuoi condividere solo con una selezione di amici limitata: in questo caso anche un'eventuale lista potrebbe essere troppo allargata.

- Liste. Quest'opzione ti consente di rendere un contenuto visibile solo a una lista, per esempio i tuoi colleghi di lavoro se si tratta di una segnalazione professionale oppure gli amici più stretti se è una storia molto personale.

Al contrario, tutto ciò che invece pubblichi sul profilo di altri amici risponderà alle loro impostazioni.

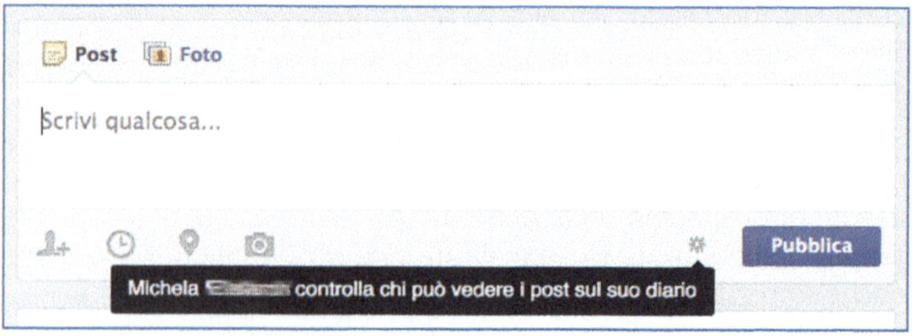

Figura 6.2 Quando pubblichi qualcosa nel Diario di un amico, non puoi personalizzare la visibilità perché lo spazio è suo.

NOTA Per decidere le impostazioni di visibilità dei Post che gli amici condividono sul tuo Diario, leggi il paragrafo dedicato alle impostazioni sulla privacy tra qualche pagina.

I contenuti passati nel tuo Diario

All'interno del tuo Diario sono presenti tre tipi di contenuto:

- ciò che hai pubblicato tu (anche tramite Applicazioni o altre attività svolte su Facebook);
- ciò che ha pubblicato qualcuno sul tuo Diario;
- i contenuti in cui sei stato taggato da qualche amico.

Per quanto riguarda i contenuti da te pubblicati in passato, hai il totale controllo: puoi restringerne la visibilità come vuoi. Accanto allo Stato, trovi l'icona che indica le impostazioni di visibilità attuali. Con un clic si aprono le opzioni di visibilità analizzate all'inizio del capitolo. Inoltre, nell'angolo in alto a destra di ogni contenuto, trovi altre due icone che abbiamo imparato a conoscere nel Capitolo 4: ★ è l'opzione Notizia in evidenza e se la selezioni ingrandisce il singolo contenuto in modo da metterlo in luce. L'altra icona, ✎, ti consente di nascondere il contenuto dal Diario o addirittura di eliminarlo. Se scegli di nascondere il singolo contenuto, in qualsiasi momento potrai fare clic su Annulla e tornare a visualizzarlo.

Passando invece a ciò che altre persone hanno pubblicato, potrà essere visto secondo le impostazioni che hai scelto per gli interventi nel tuo Diario. Attraverso le consuete icone puoi evidenziarlo, nasconderlo, eliminarlo del tutto o segnalarlo a Facebook come offensivo in modo che facciano un controllo.

Infine, nel tuo Diario possono essere visualizzati anche contenuti pubblicati da amici nel loro, dove tu sei stato taggato. In questo caso, ogni volta che un amico ti tagga all'interno di qualche contenuto, Facebook te lo segnala tramite una notifica. È possibile anche impostare un controllo sui tag, in modo da doverli approvare per farli comparire sul proprio Diario (lo vedremo tra qualche pagina). Se il contenuto in cui sei taggato compare nel tuo Diario, rispetterà la visibilità stabilita da te nelle tue Impostazioni; se invece decidi di non visualizzare il contenuto nel tuo Diario, sarà comunque presente nel profilo del tuo amico che lo ha pubblicato con il tuo nome tra i tag, e quindi verrà visualizzato alla sua rete di amici secondo le impostazioni che gli avrà dato l'autore.

> NOTA
> Puoi sempre eliminare i tuoi tag dalle foto ma non dai contenuti di tipo testuale.

> NOTA
> Se qualche amico pubblica contenuti che ti riguardano, che ti offendono o mettono a disagio, l'unico modo per ottenerne la rimozione senza far scoppiare guerre è quello di chiedergli con gentilezza di eliminarli spiegando le tue ragioni. Se il tuo "amico" fosse un osso un po' troppo duro, puoi segnalare il contenuto a Facebook, che effettuerà un controllo ed eventualmente procederà alla rimozione. Questo secondo approccio è molto aggressivo ed è consigliato solo in caso di estrema necessità.

Proteggi le tue informazioni di base

In fase di registrazione hai inserito una serie di informazioni di base del profilo, relative alla tua famiglia, alla tua situazione sentimentale, al lavoro e ad altri aspetti della tua vita. Facendo clic nel tuo Diario su Informazioni e poi su Modifica puoi selezionare la visibilità di ogni singola informazione.

La sezione Lavoro e istruzione si differenzia dalle altre perché può essere resa pubblica oppure avere una visibilità ristretta nel complesso, ma non puoi decidere di nascondere o condividere in maniera personalizzata ogni singola esperienza lavorativa. Per quanto riguarda le altre sezioni, o prevedono solo una voce, oppure consentono di modulare la visibilità del singolo elemento che compone il gruppo di informazioni. Per esempio, all'interno di Informazioni di contatto, puoi decidere di impostare la visibilità del tuo indirizzo e-mail solo a te o a una lista di amici più stretti, ma lasciare visibilità pubblica o a tutti gli amici del tuo contatto Skype.

L'area Storia anno per anno è composta dai contenuti che hai condiviso nel corso del tempo e non da informazioni relative al tuo profilo; pertanto per modificarla devi impostare la visibilità di ciascuna di queste storie dall'interno del tuo Diario.

Le impostazioni che proteggono il tuo account

Un altro strumento che Facebook ti offre per proteggerti da sguardi indiscreti si trova nella scheda Protezione di Impostazioni, accessibili dalla freccia a destra della barra in alto.

> NOTA
>
> Le voci **Generale**, **Notifiche**, **Per cellulare**, **Seguaci**, **Applicazioni**, **Inserzioni**, **Pagamenti** e **Dashboard di assistenza** sono state analizzate nel **Capitolo 4**.

La navigazione protetta

La navigazione protetta fa in modo che tutte le tue attività vengano crittografate (cioè vengano "offuscate" in maniera automatica così che non siano comprensibili a persone non autorizzate a leggerle). Se selezioni l'opzione (scelta consigliata), renderai ancora più difficile l'accesso alle tue informazioni presenti su Facebook. Durante la navigazione protetta ti potrà capitare che si apra una finestra che ti chiede di disattivarla momentaneamente quando vuoi accedere ad Applicazioni di terzi. Se vedi questo messaggio è perché l'Applicazione a cui stai cercando di accedere non supporta questo tipo di navigazione: fai clic su Continua e Facebook disattiverà temporaneamente la navigazione protetta per riattivarla in automatico al tuo prossimo accesso.

Controlla da dove fai il login al tuo account

L'opzione Notifiche di accesso ti consente di ricevere un avviso (via e-mail o SMS), ogni volta che viene effettuato l'accesso al tuo account da un dispositivo nuovo, con cui non lo hai mai effettuato prima.

Questa opzione può essere fastidiosa se sei solito usare computer diversi molto spesso, ma è estremamente utile qualora utilizzi normalmente i soliti dispositivi perché, nel caso in cui qualcuno tentasse di accedere al tuo account da luoghi che non ti sono familiari, potresti accorgerti del problema e intervenire immediatamente. Se Facebook ti invia la notifica che è stato effettuato un accesso sospetto da un dispositivo che non puoi aver utilizzato tu, segui le istruzioni contenute all'interno della notifica per cambiare la password immediatamente, in modo da proteggere il tuo account.

Se attivi l'opzione Navigazione protetta, Facebook ti chiede di indicare il tuo computer, tablet o cellulare al tuo primo accesso. Puoi salvare questo dispositivo nel tuo elenco di Dispositivi riconosciuti, così da non dover continuamente indicare quelli che utilizzi abitualmente.

Approvazione degli accessi

Se attivi l'approvazione degli accessi, Facebook non si limita a notificarti l'accesso al tuo account da un dispositivo sconosciuto, ma ti richiede di inserire un codice di sicurezza ogni volta che un nuovo dispositivo tenta di accedere al tuo account.

Per poterlo attivare devi collegare un numero di cellulare al tuo account Facebook tramite le istruzioni che trovi dopo aver selezionato la casella per l'abilitazione.

Genera un codice per ogni nuovo dispositivo

Puoi attivare il Generatore di codici solo se hai attivato l'Approvazione degli accessi. Questo strumento genera un codice univoco che ti serve ogni volta che effettui l'accesso da un nuovo dispositivo. Funziona tramite l'app mobile (iOS o Android) e per ottenere il codice devi entrare nella app e toccare Generatore di codici.

Password per le applicazioni

Le password delle Applicazioni sono codici monouso che puoi impiegare per accedere alle tue Applicazioni in modo da proteggere la tua password di Facebook. Puoi decidere di applicare una password specifica solo su alcune Applicazioni.

Se usi molte Applicazioni, queste password ti proteggono consentendoti al tempo stesso di accedere alla tua Applicazione immediatamente.

Scegli i tuoi contatti fidati

Potrebbe capitarti di non riuscire più ad accedere al tuo account perché hai attivato l'approvazione degli accessi e hai smarrito il telefono su cui ti arriva il codice o perché non hai più accesso all'e-mail per il recupero password. In questo caso, puoi selezionare da tre a cinque account di amici a cui Facebook manderà un codice per sbloccare il tuo profilo. Se avrai bisogno di ricorrere ai tuoi amici dovrai comunicare loro l'URL a cui devono accedere per recuperare il codice che poi ti dovranno passare. Puoi ottenere l'URL andando su Hai dimenticato la password? nella home page di Facebook e individuando il tuo account.

Autorizza i dispositivi più utilizzati

Qui trovi l'elenco di dispositivi che hai registrato perché sono quelli di maggiore utilizzo, come per esempio il tuo smartphone e il tuo computer. Quando accedi dai dispositivi presenti in questo elenco, non riceverai alcuna notifica perché li hai già autorizzati tramite la registrazione. Se hai smesso di utilizzare un certo dispositivo, lo puoi rimuovere da questa lista.

Quando hai fatto login?

Questa sezione ti mostra un elenco degli accessi recenti al tuo account Facebook. Ciascuna voce include la data e l'ora dell'accesso, la località approssimativa da cui lo hai effettuato e il tipo di dispositivo che hai utilizzato per accedere al tuo account. Se in questo elenco compaiono dispositivi o posizioni che non riconosci, fai clic su Termina attività per concludere la sessione e proteggere il tuo account.

Infine, da questa sezione hai accesso alla voce Disattiva il tuo account, che ti consente la sospensione della tua attività su Facebook (come abbiamo visto nel Capitolo 4).

Controlla la tua privacy predefinita

L'area Privacy è molto importante perché ti permette di impostare globalmente, e non sul singolo aggiornamento, le restrizioni di visibilità ai contenuti che popolano il tuo profilo.

Figura 6.3 Puoi personalizzare le impostazioni di privacy predefinite che proteggono in linea generale tutto ciò che pubblichi, salvo indicazioni diverse che puoi applicare al singolo contenuto.

Attraverso questa sezione puoi controllare il modo in cui ti connetti su Facebook con le altre persone: puoi infatti decidere di limitare le azioni che queste possono compiere all'interno del tuo profilo.

Chi può vedere le mie cose?

La voce Chi può vedere i tuoi post futuri ti consente di scegliere qual è la visibilità che avranno di default tutti i contenuti che tu pubblicherai. Puoi cambiare la visibilità in qualsiasi momento direttamente dal campo di composizione dell'aggiornamento di Stato.

NOTA

Ogni volta che cambi la visibilità per un aggiornamento di Stato, quella è la visibilità che resterà impostata per gli aggiornamenti successivi fino a indicazione diversa.

Controlla tutti i post in cui sei taggato è un link che ti rimanda, all'interno del Registro attività, alla lista di contenuti su cui i tuoi amici hanno apposto un tag al tuo profilo. In questo modo puoi nascondere o cambiare la visibilità a tutti i contenuti su cui ti hanno taggato.

È possibile che contenuti che hai condiviso in passato in maniera pubblica abbiano oggi per te un significato differente. Imprecare contro il tuo datore di lavoro quando ancora non era tra i tuoi amici è solo un esempio di contenuto che probabilmente vorresti poter cambiare. Su Facebook (quasi) tutto è reversibile, e c'è anche un modo per restringere la visibilità di tutti vecchi Post in un solo clic. La terza voce ti serve per limitare il pubblico di tutti i Post passati in generale: quindi selezionando Solo vecchi post tutti i tuoi Post passati saranno impostati con una restrizione di visibilità che consente la lettura solo ai tuoi amici (purtroppo non sono presenti altre opzioni).

> NOTA
>
> **Attento: se in uno dei tuoi vecchi Post avevi taggato qualcuno, è possibile che, nonostante questa operazione, i suoi amici possano ancora vederlo se lui lo aveva pubblicato nel suo profilo.**

L'alternativa per restringere il pubblico sui contenuti passati è quella di cambiarne la visibilità uno a uno all'interno del Diario.

Chi può cercarmi?

Se stai per raggiungere il numero massimo di amici (5000), o ti disturba ricevere troppe richieste di amicizia ogni giorno, puoi chiedere a Facebook di limitare il numero di persone che ti possono cercare tramite l'e-mail o il numero di telefono che hai fornito, scegliendo tra Tutti, Amici e Amici di amici.

Vuoi che gli altri motori di ricerca rimandino al tuo Diario? ti permette di scegliere se emergere oppure no nei risultati dei motori di ricerca. Se disattivi la visibilità dei motori, potrebbe volerci qualche giorno prima che il tuo profilo non compaia più.

Proteggi il Diario da contenuti e tag indiscreti

Selezionando la voce di menu Diario e aggiunta di tag accedi alle impostazioni delle interazioni tra le altre persone e il tuo Diario.

Chi può aggiungere cose sul mio Diario?

Se vuoi proteggere il tuo profilo ulteriormente, puoi limitare il numero di persone che possono scrivere sul tuo Diario. Potrai infatti consentirlo agli Amici, oppure decidere di chiudere del tutto questa possibilità selezionando l'opzione Solo io.

La voce sottostante è uno strumento preziosissimo che ti consente di valutare il contenuto su cui qualche amico ti ha taggato, prima che compaia sul tuo Diario.

Figura 6.4 Puoi decidere di stabilire in manuale se far comparire ogni nuovo tag nel tuo Diario oppure no.

In questo modo potrai decidere volta per volta cosa vuoi che sia visibile nel tuo profilo e cosa invece è meglio rimanga tra te e il tuo amico (e tutta la sua rete di contatti). Non sempre gli amici ti taggheranno in foto o testi che ti farà piacere pubblicare nel tuo Diario. Per questo, Facebook ti fornisce in automatico uno strumento di controllo che ti segnala quando sei stato taggato da un amico, e che ti chiede se desideri che quel contenuto compaia nel tuo Diario. Attivando questa opzione, Facebook ti chiederà sempre se desideri che il tag compaia nel tuo profilo. In questo modo non impedirai che i tuoi amici ti tagghino (il tuo nome con il link al tuo profilo comparirà comunque nel contenuto del tuo amico e tra le Notizie dei suoi contatti), però eviterai che il contenuto venga diffuso nel Newsfeed dei tuoi amici e venga archiviato all'interno del tuo Diario.

Chi può vedere le cose che sono sul mio Diario

Se ti interessa controllare che cosa vede del tuo Diario qualche utente specifico, puoi fare clic su Visualizza come dalla voce Controlla ciò che vedono gli altri sul tuo Diario: comparirà il tuo Diario proprio così come lo vede l'utente indicato.

Inoltre, puoi impostare la visibilità predefinita per i contenuti in cui sei stato taggato dai tuoi amici e per quelli che le persone pubblicano sul tuo Diario, in modo da nasconderli da occhi indiscreti se vuoi mantenere la tua presenza su Facebook il più possibile pulita.

Come faccio a gestire i tag aggiunti dalle persone e i suggerimenti di tag?

Quando qualche utente applica un tag a una tua foto o a un tuo post, puoi decidere se impostare un controllo preventivo sul tag, in modo tale da doverlo approvare tu prima che sia visibile su Facebook. Questa opzione ti consente di proteggere da tag indiscreti la tua rete di amici.

Puoi anche decidere di aggiungere ulteriori destinatari non ancora inclusi nel pubblico di post in cui sei stato taggato. L'ultima opzione di quest'area riguarda il suggerimento automatico che Facebook attiva per i tuoi amici quando caricano foto con soggetti che ti somigliano. Puoi disattivare questa opzione, in modo da non essere suggerito ai tuoi amici tra le persone da taggare.

NOTA

È possibile che nel tuo profilo questa opzione non sia ancora disponibile; in questo caso verrà attivata in futuro.

Persone e applicazioni bloccate

Facendo clic su Blocco, puoi modificare le persone e le azioni che vuoi bloccare o hai bloccato in passato.

Innanzitutto puoi inserire alcuni tuoi contatti nella lista Con restrizioni. Tra le liste che Facebook ti propone in automatico, Con restrizioni è quella che serve per escludere le persone che ne fanno parte dalla lettura dei tuoi aggiornamenti, eccetto quando sono pubblici. Da qui puoi aggiungere (o togliere) persone a questa lista. Così facendo, quelle persone potranno vedere scorrere nel loro Newsfeed ma anche nel tuo Diario solo i contenuti che condividi con visibilità pubblica.

Nota: Quando aggiungi persone alla lista **Con restrizioni**, Facebook non avvisa gli amici che vengono inseriti.

Se invece vuoi allontanare in maniera più decisa qualcuno dalla tua rete, puoi bloccarlo. Quando decidi di bloccare qualcuno, non lo rimuovi solo dagli amici ma gli impedisci anche di vedere tutto ciò che pubblichi, di taggarti, tornare a richiederti l'amicizia, mandarti inviti a eventi o applicazioni e, in definitiva, di interagire con te in futuro. L'unico modo in cui queste persone potranno avere a che fare con te saranno le eventuali Applicazioni, i giochi e i Gruppi che usate entrambi.

Ognuno usa Facebook a modo suo, e probabilmente ti capiterà di avere a che fare con persone che hanno una passione sfrenata per le Applicazioni. Te ne accorgerai perché spesso ti manderanno inviti soprattutto a giochi, e con il tempo potresti stancarti. Se qualcuno ti disturba con troppi inviti, puoi inserire il suo nome e cognome nel campo Blocca gli inviti da, in modo che vengano ignorati in automatico senza che tu debba ricevere ogni volta una fastidiosa notifica. Lo stesso discorso vale per gli inviti agli Eventi: puoi bloccarli da quest'area se vuoi limitarli da parte di qualcuno. Infine, puoi anche bloccare una specifica applicazione affinché non possa più contattarti e nemmeno accedere alle tue informazioni.

I dubbi principali sulla privacy

Abbiamo visto che proteggere molti dei propri dati è possibile, con un interessante livello di precisione che spesso gli utenti ignorano o non hanno tempo di approfondire e quindi trascurano, salvo poi vivere Facebook come una minaccia alla propria privacy.

Ciò non sminuisce l'importanza del tema: preoccuparsi dei reali rischi è importante per acquisire maggiore consapevolezza.

Alcune minacce da approfondire

Alcune delle minacce più concrete, che difficilmente si possono risolvere salvo compromettere la propria esperienza sul social network, sono legate alle Applicazioni e ai cookie.

Le Applicazioni e i tuoi dati

Le Applicazioni sono spesso sviluppate tramite terzi all'interno di Facebook. Pertanto ogni volta che inizi a utilizzare un'Applicazione, questa ti chiede di consentire l'accesso alle tue informazioni. Una volta che hai concesso a un'Applicazione di accedere al tuo profilo, le dai il diritto di conoscere e utilizzare alcuni dei tuoi dati. In qualunque momento potrai eliminarla dal tuo account o ridurre (ove possibile) la quantità di dati che detiene. Tuttavia, l'unico modo realmente sicuro per proteggere le tue informazioni è disattivarla, e quindi rinunciare al suo utilizzo.

Adottare un atteggiamento troppo allarmista può compromettere la tua esperienza. L'indicazione è di cercare di non esagerare con l'uso di Applicazioni. Tuttavia conoscere le potenzialità delle impostazioni ti consente di correre ai ripari in caso di problemi.

Inoltre, le Applicazioni sociali minacciano ulteriormente la privacy perché vertono sulla condivisione passiva: quando guardi un video, leggi un articolo o ascolti una canzone con una di queste Applicazioni, in automatico viene pubblicata la tua azione nel tuo Diario e quindi tra le Notizie dei tuoi amici, prima che tu sappia se realmente è un contenuto che vorresti condividere oppure no. Anche in questo caso disattivare questo meccanismo è possibile tramite le Impostazioni, ma occorre un livello di consapevolezza che non tutti hanno.

NOTA

Le applicazioni sociali sono applicazioni che sfruttano appieno l'*Open Graph*, un protocollo che consente agli sviluppatori di personalizzare le azioni che l'utente svolge all'interno di Facebook, al di là del semplice commentare, fare **Mi piace** o condividere. Per esempio, Corriere.it ha sviluppato un'applicazione tramite cui è possibile leggere un articolo e in automatico i tuoi amici vedono scorrere nel loro Newsfeed che tu hai letto quell'articolo. Allo stesso modo, Spotify ti consente di ascoltare musica dentro Facebook e i tuoi amici in tempo reale possono vedere che pezzo hai ascoltato.

I cookie sanno tutto di te

I cookie sono file che memorizzano alcune informazioni relative ai tuoi percorsi di navigazione, al tuo account, al browser e al dispositivo che usi per navigare: sono strumenti molto utili per migliorare la tua navigazione, ma per farlo inevitabilmente memorizzano informazioni tue personali. Per esempio, un cookie memorizza l'ID di accesso per facilitare il tuo login.

Puoi decidere di eliminare o bloccare i cookie tramite le impostazioni del tuo browser, anche se ciò potrebbe rendere la tua esperienza su Facebook (e più in generale online) meno fluida.

I soggetti principali che vuoi proteggere

Se hai compreso e utilizzato tutte le possibilità di impostazione che Facebook ti fornisce per proteggere i tuoi dati, puoi arrivare a un maggiore livello di controllo del tuo profilo, ed eventualmente sensibilizzare chi ti sta intorno a un utilizzo corretto e consapevole dello strumento. Ci sono tuttavia alcuni soggetti verso i quali puoi essere più sensibile e che vale la pena affrontare a parte per proteggerli nel modo migliore.

I minori su Facebook

Facebook è un sistema chiuso alle persone di età inferiore ai 13 anni. La loro protezione è importante e per questo il social network ti invita a orientarli verso un uso opportuno dello strumento. Se tuo figlio è iscritto, puoi illustrargli i rischi a cui va incontro se non imposta correttamente il suo account e, se si tratta di un ragazzo di età inferiore ai 13 anni, mostrargli come si fa ad annullare o disattivare il proprio account. In caso contrario, se si tratta dell'account di un minore con cui non hai sufficiente confidenza o che non ti ascolta, puoi segnalarlo a Facebook tramite il link `http://on.fb.me/nCQjiU`. Il modo migliore resta comunque il dialogo, che porti il minore ad essere pienamente consapevole delle conseguenze che possono avere le azioni che compie all'interno di Facebook per la sua reputazione, non solo online.

Il bullismo su Facebook

"Il cyberbullismo o ciberbullismo (ossia 'bullismo' online) è il termine che indica atti di bullismo e di molestia effettuati tramite mezzi elettronici come l'e-mail, la messaggistica istantanea, i blog, i telefoni cellulari, i cercapersone e/o i siti web" (*Wikipedia*).

Gli adolescenti possono essere vittime di azioni di bullismo nei social network, a maggior ragione all'interno di quello più popolato al mondo. Se hai a che fare per lavoro con dei ragazzi giovani o se hai un figlio a rischio, cerca di parlargliene in modo che sia preparato a gestire la situazione al meglio e limitare al minimo i danni. Nel caso di azioni di bullismo è bene che la vittima:

- non risponda per non dare altri appigli ai bulli;
- rimuova il contatto dagli amici e lo blocchi per impedirgli di visualizzare i suoi contenuti e contattarlo in qualsiasi modo;
- segnali i contenuti offensivi a Facebook affinché faccia dei controlli;
- tenga copia di tutto ciò che lo disturba: potrebbe tornargli utile in futuro.

Se invece le molestie avvengono tramite un'Applicazione che non è stata sviluppata da Facebook, puoi andare sulla pagina dell'Applicazione e fare clic su **Contatta lo sviluppatore** per segnalargli il problema. In questo caso è possibile bloccare sia l'Applicazione sia l'utente.

NOTA

Per avere maggiori informazioni sulla sicurezza dei minori su Facebook, visita l'indirizzo `https://www.facebook.com/safety`. Se invece lavori con i ragazzi e vuoi saperne di più su rischi e opportunità di Facebook per l'insegnamento vai alla pagina `http://www.facebook.com/education`.

In nessun modo Facebook ti fornirà i dati di accesso all'account di un minore, anche se si tratta di tuo figlio.

Chi non c'è più

Il tema dei profili delle persone decedute è stato molto discusso: agli albori di Facebook, infatti, non erano state prese misure standard per la gestione di questi casi. Vedere il profilo di chi non c'è più può disturbare in particolare i familiari, che hanno il diritto di proteggere il proprio caro da sguardi esterni. Oggi una soluzione c'è: si può infatti segnalare a Facebook la morte di una persona con le dovute prove (certificato di morte, articoli di giornale e così via) perché il social network provveda a trasformare il suo account in "commemorativo". In questo modo, solo gli amici confermati possono vederlo e trovarlo nelle ricerche. Gli amici e i familiari possono lasciare Post per ricordare l'utente defunto, ma nessun contatto al di fuori della sua rete potrà trovare l'account né tantomeno scrivere nel suo Diario. Inoltre, nessuno potrà più accedere a quell'account effettuando il login con user e password.

Puoi segnalare un utente defunto tramite il link `http://on.fb.me/cckxWL`.

Capitolo 7

Coltiva interessi e promuovi attività

- I Gruppi per riunirsi
- Promuovi le tue attività: le Pagine
- Gli Eventi
- Le Applicazioni
- I Luoghi

In quanto social network generalista Facebook si presta molto bene a vari tipi di utilizzo: c'è chi lo usa soprattutto per comunicare con i propri amici, chi per divertirsi o tenersi aggiornato sui propri interessi, chi invece ne sfrutta le opportunità per promuovere la propria attività.

Gruppi, Pagine, Applicazioni: sono solo alcuni degli strumenti per coltivare o farti tu stesso portavoce delle tue passioni, e anche per raggiungere i tuoi obiettivi professionali. In questo capitolo vedremo una panoramica delle possibilità che Facebook offre per tutte queste attività.

I Gruppi per riunirsi

I Gruppi sono spazi in cui persone legate da uno stesso interesse o da una stessa motivazione si trovano, chiacchierano e si organizzano per approfondire il tema. I temi possono essere i più vari: puoi trovare Gruppi di appassionati di qualche squadra o sport, di cantanti o generi musicali, Gruppi di amici che si mettono d'accordo su cosa fare nel weekend, Gruppi di professionisti di un settore che si aggiornano.

Dal momento che chiunque può aprire un Gruppo, ne esistono milioni più o meno attivi (Figura 7.1).

Trova altre persone con i tuoi interessi

Per trovare Gruppi che ti interessano, puoi effettuare una ricerca come abbiamo visto nel Capitolo 3. Più facilmente, ti capiterà di iscriverti perché ne vedrai qualcuno interessante scorrere tra le Notizie o qualche amico ti inviterà al suo interno.

L'unico modo davvero efficace per capire se un Gruppo è attivo e fa per te è farci un giro. È verosimile che un Gruppo che ha molti iscritti sia più vivace di uno che ne ha pochi, ma questa non può essere considerata per forza una regola.

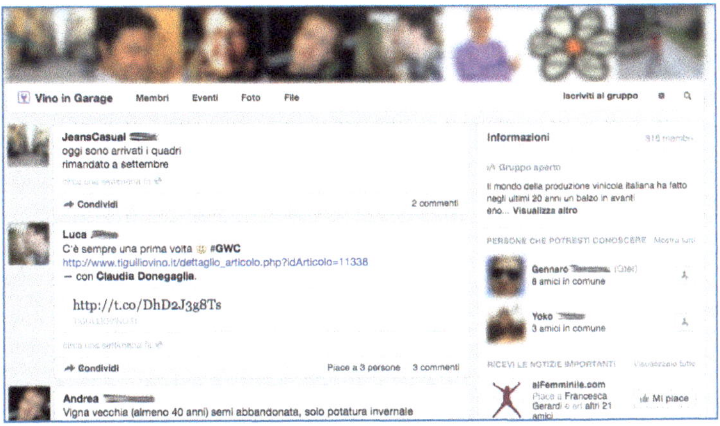

Figura 7.1 Il Gruppo Vino in Garage è dedicato a tutti i microproduttori di vino che lo producono "in garage" o su piccolissimi appezzamenti di terreno, per confrontarsi e scambiarsi consigli.

> NOTA
> Puoi iscriverti fino a un massimo di 300 Gruppi.

Per iscriverti dovrai mandare la richiesta tramite il pulsante Iscriviti al gruppo. In alcuni casi potrebbe dover approvare la tua richiesta un amministratore; in altri è anche possibile che tu venga aggiunto al Gruppo da un amico che ne fa parte.

> NOTA
> È piuttosto diffusa l'abitudine di aggiungere amici a un Gruppo, dato che Facebook consente di farlo senza richiedere l'autorizzazione alle persone. Questa azione può essere molto irritante, quindi aggiungi solo gli amici che sono realmente interessati. Se qualcuno ti aggiunge senza chiedertelo e il Gruppo non ti interessa, puoi liberamente abbandonarlo.

Interagisci con i tuoi Gruppi

E adesso? Che cosa puoi fare in un Gruppo di cui sei membro? Innanzitutto osserva per capire contenuti e tono di voce: iniziare a intervenire a prescindere dal contesto potrebbe farti apparire un po' strano agli occhi della comunità di cui sei entrato a far parte.

A questo punto potrai iniziare a condividere ciò che desideri tramite il campo Scrivi qualcosa. Tutto ciò che viene pubblicato nel Gruppo potrà essere commentato e potrà essere pubblico o riservato ai membri a seconda della tipologia di Gruppo. Inoltre, in base alle impostazioni del singolo utente, il tuo intervento potrebbe essere oggetto di una notifica agli altri iscritti.

Una semina quotidiana

Prima di pubblicare qualsiasi cosa all'interno di un Gruppo su cui intervieni raramente, fatti una domanda: ciò che stai per scrivere interesserà ai componenti del Gruppo? Se stai lavorando a qualche attività a cui desideri dare visibilità, entrare a gamba tesa all'interno di un Gruppo di sconosciuti pubblicando il tuo link o il tuo invito se non sei mai intervenuto prima può essere vissuto come un atteggiamento da spammer. È come se chiamassi un vecchio conoscente che non senti da una vita solo per chiedergli un favore. Se desideri ottenere frutti dalla tua semina quotidiana, cerca di intervenire in maniera il più possibile pertinente coltivando le relazioni un po' per volta.

In cima alla pagina del Gruppo, trovi le anteprime delle foto di profilo di alcuni membri. Subito sotto, la voce Membri ti consente di vedere chi altro è iscritto a questo Gruppo ed eventualmente anche di invitare qualche amico a diventarne parte, se sei già iscritto e a seconda delle impostazioni del Gruppo.

Imposta al meglio il tuo rapporto con i Gruppi

Se con il passare del tempo cambi idea, puoi abbandonare i tuoi Gruppi o cambiare le impostazioni che ti legano a ciascuno.

Come? All'interno di ogni Gruppo, nella parte destra della pagina, trovi l'icona delle impostazioni che apre una serie di opzioni.

- Aggiungi persone: se vuoi coinvolgere qualche amico all'interno di un Gruppo, lo puoi inserire.
- Crea evento: puoi realizzare un Evento all'interno del Gruppo per coinvolgere gli iscritti.
- Crea gruppo: per creare un nuovo Gruppo che risponda a un tuo interesse o una tua esigenza.
- Condividi gruppo: puoi postare il link al Gruppo sul tuo Diario, su altre Pagine o altri Diari per dargli visibilità.
- Segnala gruppo: se i contenuti di un Gruppo ti urtano, puoi segnalarlo a Facebook affinché effettui un controllo.
- Abbandona gruppo: per lasciare il Gruppo (se si tratta di un Gruppo chiuso, non potrai più leggerne i contenuti).

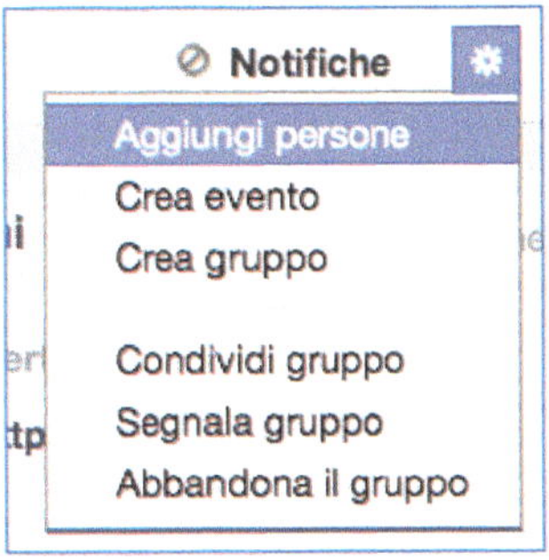

Figura 7.2 Le opzioni che regolano la relazione tra te e un Gruppo.

> NOTA
>
> L'azione **Abbandona il gruppo** non viene segnalata ad amministratore e membri ed è reversibile: potrai tornare a iscriverti in qualunque momento ma ti toccherà richiederlo ai rispettivi amministratori.

La voce Notifiche ti permette di selezionare gli avvisi che intendi ricevere a seconda dell'interesse che nutri per ogni Gruppo.

Crea e gestisci Gruppi

Creare un Gruppo dedicato a un tuo interesse o a una tua attività può esserti utile per ottimizzare le comunicazioni tra te e le persone coinvolte. Farlo è semplicissimo: per prima cosa seleziona Crea gruppo dall'interno di qualsiasi Gruppo a cui sei iscritto. Puoi visualizzare i tuoi Gruppi nella colonna di sinistra. Tramite il box che si apre, puoi scegliere il nome, la tipologia e iniziare a inserire i membri con cui desideri condividerlo.

Figura 7.3 Crea un Gruppo.

NOTA

Se vuoi che il tuo Gruppo venga trovato facilmente, scegli un nome con cui immagini potrebbe essere cercato. Al momento della creazione, sei obbligato a inserire almeno un altro membro oltre a te.

Una volta creato il tuo Gruppo, ne sei amministratore (anche detto *admin*) e sarai tu a ricevere le richieste di chi vuole farne parte.

> NOTA
>
> Per interagire in maniera diretta come Gruppo con i membri iscritti puoi inviare loro un Messaggio privato. Tieni presente che quando mandi un Messaggio privato ai membri di un Gruppo, questo finirà nell'area **Messaggi** ma probabilmente sotto la voce **Altro**, che non sempre gli utenti controllano perché non è soggetta alle consuete notifiche con il numero rosso.

Nel menu superiore l'opzione Notifiche ti consente di impostare gli avvisi che desideri ricevere da parte del Gruppo che hai creato. L'icona delle impostazioni ti propone invece le possibilità di interazione che abbiamo visto poco fa, oltre alla voce Modifica impostazioni gruppo per modificarne la visibilità e i permessi.

> NOTA
>
> Se abbandoni il Gruppo e sei l'unico admin, il ruolo di amministratore verrà offerto ad altri membri.

Una volta creato il tuo Gruppo, l'ideale per mantenerlo attivo e utile è condividere con una certa frequenza contenuti realmente di valore che possano essere interessanti e stimolanti per chi ne fa parte.

> NOTA
>
> Non sono al momento disponibili strumenti ufficiali per monitorare i risultati e il traffico ottenuto dal tuo Gruppo.

Promuovi le tue attività: le Pagine

La presenza che Facebook offre per le aziende, le imprese locali, i personaggi pubblici, i brand e tutto ciò che non può rientrare nella categoria "persona" è la Pagina (Figura 7.4).

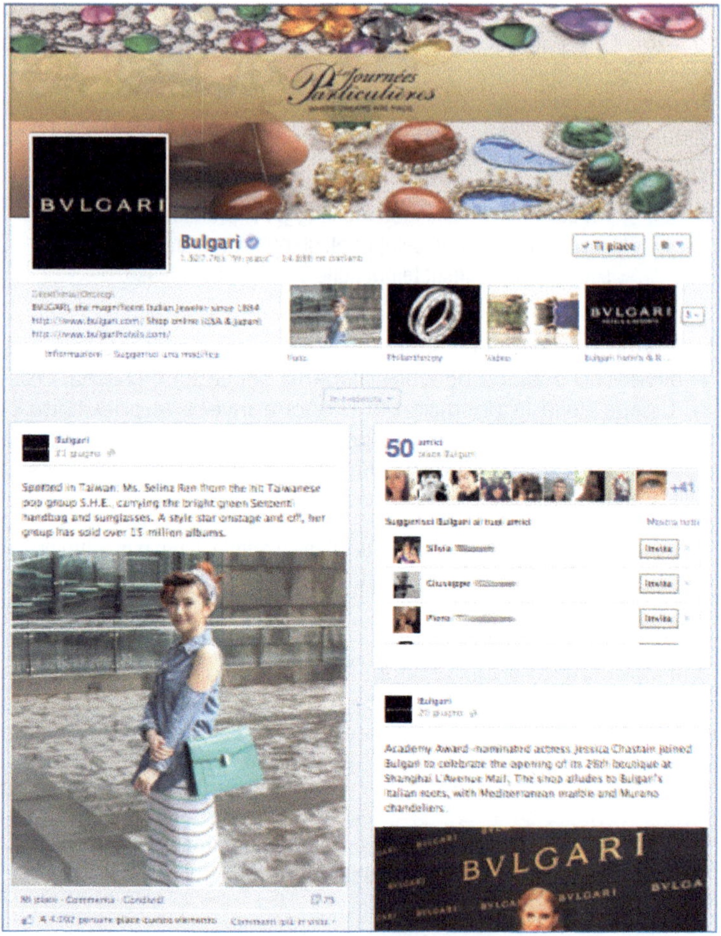

Figura 7.4 La pagina di Bulgari su Facebook.

Interagisci con le Pagine che ti interessano

Come trovare le Pagine da seguire

Se ami qualche prodotto particolare, se spesso leggi un sito o blog che ti piace, se in generale c'è qualche realtà per la quale nutri interesse, puoi cercarla su Facebook: è possibile infatti che sia presente per aggiornare e relazionarsi con le persone anche su questo canale. Per seguire una Pagina, fai clic su Mi piace accanto al suo nome: da quel momento riceverai i suoi aggiornamenti nella tua area Notizie, proprio come avviene per gli aggiornamenti dei tuoi amici.

C'è Mi piace e Mi piace

Forse avrai notato che esistono due tipi di **Mi piace**: quello che puoi applicare a un singolo contenuto e quello che puoi applicare a un'intera Pagina. La funzione è molto diversa. Applicare un **Mi piace** allo Stato, alla foto o al link di un amico ha la semplice funzione di apprezzamento. La tua azione compare sotto lo Stato del tuo amico, lui riceve una notifica e il tuo **Mi piace** finirà tra le tue Attività recenti o nel Riquadro degli aggiornamenti dei tuoi amici. Applicare invece un **Mi piace** a una Pagina significa "abbonarsi" ai suoi contenuti, decidere che quell'intera Pagina, con tutto ciò che pubblicherà, è di tuo interesse. È l'equivalente dello stringere amicizia, ma questa volta invece che tra due utenti, tra una persona e una Pagina. Anche questa azione comparirà nel tuo Diario e nel Riquadro degli aggiornamenti dei tuoi amici.

L'utilità e l'efficacia delle Pagine dipendono da come queste vengono gestite: se sono aggiornate di frequente, se gli amministratori rispondono sistematicamente a chi lascia commenti o Post nella Bacheca, se condividono contenuti realmente interessanti.

NOTA

Un utente che inizia a seguire una Pagina facendo clic su **Mi piace** è sempre definito un "amico". In passato Facebook ha chiamato le Pagine "Fan page" e allora gli utenti che le seguivano erano "fan": è perciò possibile che ancora oggi qualcuno si riferisca alle persone che seguono una determinata Pagina su Facebook come a suoi fan.

Orientati all'interno di una Pagina

La Pagina è strutturata in maniera diversa rispetto agli altri ambienti che abbiamo visto finora. Presenta infatti un'impostazione su due colonne che era tipica anche di Diario personale e Gruppo, pertanto è possibile che in futuro Facebook ne rilasci una versione a una sola colonna.

In cima alla Pagina trovi una grande immagine che è la copertina e ti dà un'idea dell'azienda e dei valori che vuole trasmettere. Sotto la copertina sulla sinistra, è presente un'immagine di profilo che comparirà in tutti gli interventi della Pagina su Facebook e ancora più sotto, l'area Informazioni e tutte le altre schede che portano ad aree tematiche che possono racchiudere foto, Mi piace (indica le persone che seguono la Pagina), e le eventuali altre Applicazioni collegate. Più sotto, il Diario del brand si snoda su due colonne divise da una riga verticale che indica il tempo che scorre. Il punto più alto è oggi, e a scendere troverai tutti i contenuti condivisi dall'azienda nel corso del tempo o tutte le tappe più significative della sua storia.

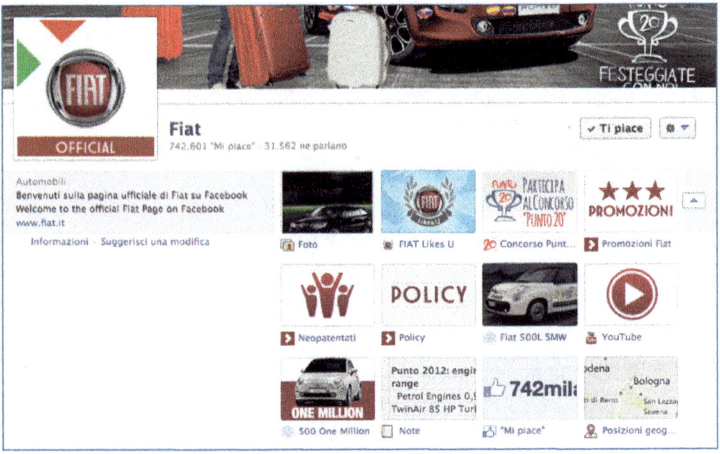

Figura 7.5 Le schede della Pagina Facebook di Fiat.

Se fai clic su Mi piace, ti "abboni" ai contenuti della Pagina, che potranno quindi da quel momento in poi scorrere nella tua home page, secondo i requisiti impostati dall'algoritmo di Facebook, l'EdgeRank, ma anche secondo quanto da te indicato. Infatti, portando il cursore sul pulsante Ti piace e selezionando la voce Impostazioni, puoi decidere se visualizzare nel tuo Newsfeed Tutti gli aggiornamenti, La maggior parte degli aggiornamenti o Solo gli aggiornamenti importanti.

Inoltre, puoi decidere di ricevere le notifiche relative alle attività di quella specifica Pagina o inserirla in una lista di interesse da andare poi a leggere nel tuo Newsfeed filtrando il tema. Per esempio, se racchiudi tutte le Pagine che postano ricette in una lista tematica, quando la selezionerai nella tua colonna di destra, vedrai la tua home page popolarsi dei contenuti e delle attività postati solo dalle Pagine appartenenti a quella lista. È un modo diverso per aggiornarsi solo sui propri interessi.

Tramite la voce Non mi piace più, smetti di seguire la Pagina e questa non comparirà più tra i Mi piace del tuo profilo personale (sempre che tu li abbia resi pubblici).

Figura 7.6 Le opzioni per personalizzare la tua relazione con una Pagina.

Oltre a queste possibilità, l'icona delle Impostazioni apre anche altre possibilità, come Cambia Paese, che può comparire nelle Global Pages e ti consente di cambiare la lingua in cui visualizzare contenuti di quella Pagina nel caso Facebook non ti proponesse quella giusta per te.

Le Pagine per le attività internazionali

I brand che lavorano su più mercati esteri hanno bisogno di rivolgersi a diversi pubblici in più lingue. In questi casi le possibilità sono due: o creare una Pagina diversa per ogni Paese, oppure aggregarla in un'unica Pagina che mostra a ogni utente solo i contenuti coerenti con la sua lingua. Nel momento in cui vengono scritte queste pagine non è ancora stato rilasciato un automatismo per l'attivazione di questo tipo di presenza aggregata, e per poterla creare occorre avere già all'attivo un rapporto di tipo commerciale con Facebook.

Interagisci con i prodotti e i servizi

Le Pagine possono essere considerate un luogo in cui aggiornarsi rispetto a un tema di interesse, ma anche un luogo privilegiato per dialogare con un'azienda in maniera diretta: il consumatore ha infatti la possibilità di esprimere il proprio entusiasmo o la propria rabbia nei confronti di prodotti o servizi, senza dover passare necessariamente per call center, voci registrate o negozi fisici.

La tua opinione conta

Dal momento che ciò che condividi online è pubblico e rimane nel tuo profilo, connota te e contribuisce a creare la reputazione di quell'azienda o prodotto. È importante imparare a far buon uso della propria opinione, positiva o negativa che sia, per influenzare gli altri solo su quegli aspetti che hai testato e su cui non hai dubbi. Daresti la tua parola su qualcosa di cui non sei convinto?

È bene che tu rifletta su alcuni aspetti basilari del tuo rapporto online con l'azienda come consumatore.

- Tutto ciò che scrivi in una Pagina è pubblico. Questo significa che chiunque entri su quella Pagina leggerà ciò che scrivi.
- Tutto ciò che scrivi in una Pagina viene riportato nel tuo profilo. Il tuo Post potrà essere letto dai tuoi amici.
- Tutto ciò che scrivi in una Pagina verrà preso in carico da una persona. Se una Pagina funziona, e quindi risponde a complimenti, critiche e commenti, è un essere umano come te a risponderti manualmente: ricorda quindi che non stai parlando con l'azienda come entità ma con una persona che lavora. Non pretendere risposte immediate: probabilmente ha bisogno di tempo per confrontarsi internamente. Se puoi, evita di gridare e usare toni aggressivi: ti aiuterà più volentieri e le eviterai una brutta gastrite.

> NOTA
>
> Su Facebook, ma in generale online, scrivere in maiuscolo equivale a gridare. Il suo utilizzo è quindi altamente sconsigliato, a meno che il tuo obiettivo non sia quello di alzare la voce.

- La Pagina di Facebook non equivale sempre al servizio clienti. Questo è un canale di comunicazione diretto con l'azienda, ma non significa che sia quello giusto per tutto ciò di cui hai bisogno. Se è necessario gestire il tuo caso particolare per un disguido e controlli tramite qualche tuo dato personale, probabilmente sarai comunque costretto a passare dal servizio clienti: l'azienda non dovrebbe chiederti i dati personali necessari ad approfondire il tuo caso in un luogo così pubblico, quindi potrebbe richiederteli in forma privata tramite la funzione Messaggi. Non arrabbiarti ancora di più: è perfettamente normale che ci siano diversi canali per diverse funzioni.

Crea e gestisci una Pagina per la tua attività

Crea una Pagina

Se hai un'attività e pensi che i tuoi clienti o collaboratori potrebbero trovare utile avere un punto di riferimento anche su Facebook, crea la tua Pagina: è la soluzione ideale, e la procedura che offre Facebook è molto semplice.

Molti si ostinano ancora a creare un profilo utente anziché una Pagina credendo così di avere un rapporto più diretto con le altre persone o perché non conoscono la prassi corretta. Non fare lo stesso errore: se Facebook fa un controllo sul tuo profilo aziendale potrebbe chiuderlo e tu perdere tutto lo storico del tuo lavoro e i tuoi contatti.

Vai all'indirizzo `https://www.facebook.com/pages/create.php` e scegli la tipologia di realtà per cui stai per creare la Pagina.

Il Passo 1 ti chiede di aggiungere le informazioni base relative alla tua attività; il Passo 2 di caricare un'immagine di profilo, che ti rappresenterà dovunque interverrai nel social network (puoi farlo caricando un'immagine oppure chiedendo a Facebook di importare tutte quelle presenti sul tuo sito e in seguito scegliere quella principale); attraverso il Passo 3 puoi scegliere l'indirizzo a cui sarà raggiungibile la tua Pagina (lo puoi scegliere una volta e poi non puoi più cambiarlo); infine, il Passo 4 ti consente di impostare fin da subito un metodo di pagamento che ti sarà utile per gli investimenti pubblicitari che vorrai fare in futuro.

Tutti questi passaggi possono essere rimandati a un momento successivo grazie al pulsante Salta.

Figura 7.7 Gli step per la creazione di una Pagina su Facebook.

> **NOTA** Come già visto anche per i profili personali, a maggior ragione per le Pagine è fondamentale scegliere un URL ben rappresentativo e il più semplice possibile, per poterlo inserire tra i punti di contatto indicati in materiali promozionali e biglietti da visita.

Una volta creata la Pagina, potrai scegliere la tua immagine di copertina. In questo caso è consigliabile optare per un'immagine che rappresenti bene i valori dell'azienda e rispetti le linee guida di Facebook. L'immagine di copertina ha una larghezza di 851 px e una larghezza di 315 px. Un'immagine più piccola può essere ridimensionata, ma deve avere una larghezza minima di 399 px.

Non è consentito invitare le persone a usare la copertina della pagina sul Diario personale.

Usare Facebook come individuo o come Pagina?

Se inizierai a usare spesso Facebook per la gestione della Pagina che amministri, avrai bisogno di accedervi per aggiornare gli amici che seguono la tua Pagina con le ultime novità o iniziative particolari. Per semplificarti il lavoro, puoi utilizzare Facebook come Pagina, grazie alla voce dedicata tra le opzioni della voce **Modifica Pagina** nel pannello di amministrazione. Che vantaggi hai? Una delle funzionalità più utili è sicuramente quella relativa alle notifiche: quelle che trovi nell'icona dedicata, infatti, riguardano le attività avvenute nella Pagina (nuovi Post, nuovi commenti e **Mi piace**) e non nel tuo profilo personale. In questo modo non ti perderai nulla di ciò che le persone fanno al suo interno. Attento: se scegli questa opzione pubblichi all'interno di tutte le altre Pagine a nome della Pagina che hai scelto di utilizzare, quindi prima di condividere Post o commenti di tipo personale altrove, controlla di non essere connesso come Pagina. Mentre vesti i panni della Pagina, non puoi intervenire nel Diario di profili personali.

Imposta la Pagina secondo le tue esigenze

In qualsiasi momento puoi modificare le impostazioni che desideri per la tua Pagina tramite Modifica pagina.

Qualsiasi voce selezionerai, ti rimanderà alla medesima area all'interno della quale potrai orientarti tramite il menu in alto (Figura 7.8).

La voce Informazioni sulla pagina consente di aggiornare in qualunque momento tutti i dettagli relativi alla tua attività.

Modifica impostazioni ti manda alla scheda Impostazioni, che è uno strumento molto utile per decidere le caratteristiche più importanti della Pagina: limitazioni geografiche o in base all'età del tuo pubblico, apertura o chiusura della Bacheca a interventi di altri, visibilità di questi interventi, permessi di interazione per chi visita la Pagina, possibilità di ricevere messaggi privati, termini banditi. In questa scheda trovi anche la possibilità di eliminare la Pagina.

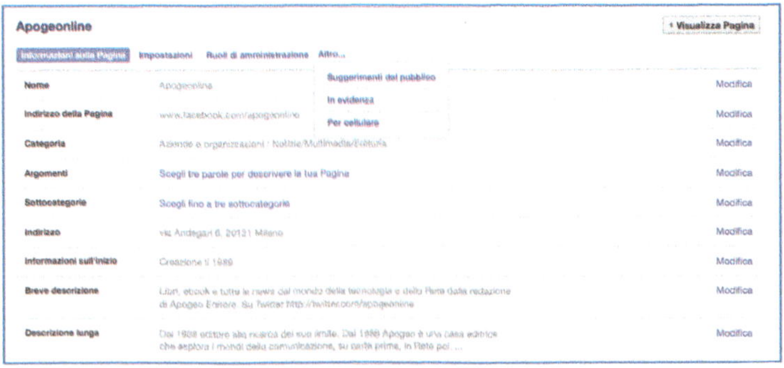

Figura 7.8 Il menu delle impostazioni di una Pagina.

Ruoli di amministrazione è l'area da cui puoi rimuovere gli amministratori attuali o aggiungerne di nuovi. Nel momento in cui dai a qualcuno il privilegio di admin, questa persona potrà gestire tutte le attività della tua Pagina in maniera ufficiale: non affidare questo ruolo con leggerezza a chi potrebbe usarlo in maniera impropria non conoscendo tutte le funzionalità.

> NOTA
>
> I ruoli di amministrazione sono diversi e hanno diversi diritti: scegli con cura che ruolo attribuire a chi, sulla base della fiducia e delle responsabilità che vuoi dare a ciascun amministratore (**Figura 7.9**).

> NOTA
>
> Se vuoi inserire tra gli admin un nuovo collega ma non vuoi richiedergli l'amicizia, basta inserire nella creazione del nuovo admin l'e-mail con cui è iscritto a Facebook. È necessario che quell'utente abbia fatto **Mi piace** sulla Pagina.

Le voci di menu che non hanno un collegamento diretto dal pannello di amministrazione sono Suggerimenti del pubblico, per approvare o ignorare i suggerimenti di Facebook per la tua Pagina; In evidenza, che ti consente di gestire la visibilità delle Pagine che segnali all'interno della tua; e Per cellulare, che indica le diverse opzioni di utilizzo della Pagina dal cellulare.

	Gestore	Creatore di contenuti	Moderatore	Inserzionista	Analista di Insights
Gestione dei ruoli amministrativi	✓				
Modifica della Pagine e aggiunta di applicazioni	✓	✓			
Creazione di post come Pagina	✓	✓			
Risposta ai commenti e loro eliminazione	✓	✓	✓		
Invio di messaggi come Pagina	✓	✓	✓		
Crea inserzioni	✓	✓	✓	✓	
Visualizza dati di Insights	✓	✓	✓	✓	✓

Figura 7.9 I permessi per ogni ruolo di amministrazione.

NOTA

Per suggerire altre Pagine da seguire all'interno della tua, devi utilizzare Facebook come Pagina, andare sulla Pagina che vuoi consigliare e fare clic su **Mi piace**: automaticamente comparirà nella tua colonna di sinistra. Tramite la voce **Aggiungi pagine in evidenza** potrai poi selezionare quali delle Pagine scelte come preferite visualizzare in maniera fissa nonostante la rotazione, e tramite **Aggiungi titolari di pagine in evidenza** potrai anche scegliere se visualizzare sulla sinistra della tua Pagina alcuni degli admin.

Aggiorna la tua Pagina con contenuti interessanti

A questo punto la tua attività è online: puoi iniziare a comunicare con i clienti anche sul social network che probabilmente utilizzano di più. Innanzitutto rifletti sulla strategia da adottare per promuovere al meglio la tua attività: quali aspetti possono essere più interessanti per chi ti segue? Che cosa stai raccontando altrove?

Dopo aver scelto la strada che credi più giusta, inizia ad aggiornare la Pagina tramite il campo che ormai conosci, preferibilmente con contenuti sempre nuovi e curati: le ultime novità, le news di settore, qualche sondaggio per conoscere meglio chi ti segue. È consigliabile realizzare un piano editoriale periodico che ti consenta di aggiornare la Pagina quotidianamente, diluendo i contenuti in maniera quanto più omogenea possibile per nutrire con costanza il rapporto con chi ti segue.

Niente stalking al mio utente!

Facebook tende ad adottare nei confronti delle aziende una serie di impostazioni che proteggono gli utenti da azioni commerciali troppo invasive. Le aziende per esempio non possono inviare messaggi privati, vedere i profili degli amici né taggarli.

Il corpo centrale della tua Pagina si popolerà degli aggiornamenti pubblicati da te, che potranno essere foto, link, video ma anche i traguardi importanti della tua attività che verranno contrassegnati con una bandierina (Figura 7.10). Nel tempo, i contenuti più vecchi andranno in basso e in cima passeranno i più recenti.

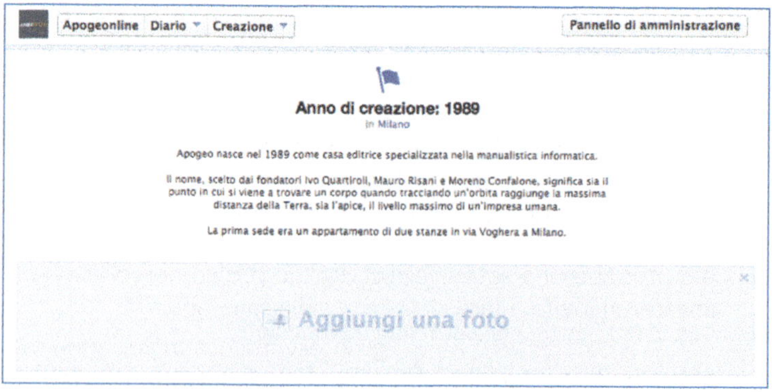

Figura 7.10 Il traguardo si riconosce per l'icona della bandierina e la dimensione leggermente più grande rispetto agli altri contenuti.

Puoi programmare i contenuti nel futuro tramite l'icona che compare sotto al campo di composizione dell'aggiornamento. Selezionando la data desiderata, il contenuto compare nel passato o nel futuro (Figura 7.11). Se pianifichi un post nel futuro, ricordatene qualora dovesse accadere qualche fatto di attualità che stona con il tenore del contenuto programmato. In quel caso, per rimuoverlo devi andare nel Registro attività.

Figura 7.11 All'interno di una Pagina puoi programmare i post tramite la prima icona sotto al campo di aggiornamento.

NOTA

Se non vedi comparire l'icona dell'orologio, prova a usare Facebook come Pagina: dovrebbe comparire.

Le relazioni tra la tua Pagina, gli altri e te

All'interno del Diario, oltre ai contenuti pubblicati dalla Pagina, si possono trovare tre aree:

- Amici: indica quali degli amici appartenenti alla rete del tuo profilo seguono la Pagina, chi si è registrato in questo Luogo e ti propone una lista di amici del tuo profilo personale a cui inviare un invito a fare Mi piace sulla tua Pagina.
- Post recenti di altri utenti: gli interventi di altri verranno raccolti in un'area dedicata, qualora tu abbia lasciata aperta e visibile la possibilità di interventi esterni nella tua Pagina dalle impostazioni che abbiamo visto poco fa (Figura 7.12).

Figura 7.12 Gli interventi degli altri all'interno della tua Pagina vengono aggregati in un'area a parte.

- "Mi piace": è l'area dedicata alle Pagine che hai deciso di collegare con la tua attraverso un Mi piace.

Le funzionalità relative a foto e video sono quelle che conosci già; tuttavia, una Pagina non può taggare le persone sui propri contenuti, a meno che queste non siano intervenute di loro iniziativa nella Pagina (in questo caso l'azienda può taggarle nei commenti); le Pagine possono invece taggare altre Pagine. Se non stai utilizzando Facebook come Pagina, hai la possibilità di taggare amici al suo interno, ma risulterà che lo avrai fatto con il tuo profilo personale.

Per quanto riguarda le schede presenti sotto la copertina, ne puoi cambiare l'ordine tramite l'icona della matita che compare passando il cursore su ciascuna, in modo da dare più visibilità a quelle per te più importanti. Inoltre, puoi aggiungerne qualora ne avessi bisogno. In questo caso, puoi cercare all'interno di Facebook se è già presente qualche app che risponda alle tue esigenze, oppure rivolgerti a un'agenzia specializzata che ne realizzi una *ad hoc* per te.

Trova nuovi Liker

Il primo passo per popolare la tua Pagina è il pulsante Espandi il pubblico sopra al Pannello di amministrazione, che offre quattro strade per trovare nuovi amici che ti seguano: Invita contatti e-mail per andare a ripescare i contatti da qualche account di posta elettronica, Invita amici per indicare la selezione di amici da invitare a seguire la Pagina, Condividi la pagina per postare il link sul tuo Diario o da qualche altra parte su Facebook e Crea un'inserzione per fare un investimento che porti nuovi Mi piace.

NOTA

Ogni persona che fa clic su **Mi piace** sulla tua Pagina (e ogni persona che interviene al suo interno) lo segnala in automatico ai suoi amici tramite la pubblicazione di questa attività nel suo profilo, contribuendo così a diffondere la visibilità della Pagina alla sua rete di contatti.

Figura 7.13 La notifica che ricevi quando un amico ti invita a mettere Mi piace su una Pagina.

Monitora i risultati

Se utilizzi la Pagina a scopo commerciale, è importante capire quali risultati ti portano le diverse attività. Non valutarne l'effettivo ritorno vanifica l'investimento di tempo, risorse e budget, e non ti permette di migliorare. Innanzitutto, puoi vedere direttamente dalla Bacheca della tua Pagina i primi dati interessanti: sotto a ognuno dei tuoi aggiornamenti sono mostrati il numero di visualizzazioni, di condivisioni e di commenti e Mi piace per darti una prima idea dell'interesse che hanno risvegliato. Oltre a questi dati, che sono pubblici e accessibili a tutti, Facebook fornisce agli admin una serie di dati di approfondimento privati relativi alle loro Pagine.

Gli Insights sono uno strumento di analisi tanto complesso quanto affascinante: in questa sede potremo vederne solo gli aspetti principali, ma se deciderai di aprire la tua Pagina ti troverai a esplorarli in prima persona con crescente curiosità e interesse.

Puoi vedere un'anteprima dell'area Insights nel Pannello di amministrazione, e puoi accedere agli approfondimenti tramite la voce Mostra tutto.

Facebook ha rilasciato nel luglio 2013 una nuova versione di Insights per le Pagine, che è suddivisa in quattro principali aree di osservazione: Panoramica, Pagina, Post e Persone.

Mentre la prima area è utile per un'osservazione generica dell'andamento della Pagina negli ultimi sette giorni, le altre tre approfondiscono i singoli temi. Nella parte superiore della pagina Panoramica si trovano:

- "Mi piace" sulla Pagina. Ti anticipa il numero totale di Mi piace, e i nuovi Mi piace della settimana, comparati con la precedente.
- Portata post. Puoi vedere un'anteprima di quante persone hanno visualizzato i tuoi post, anche in questo caso in comparazione con la settimana precedente.
- Coinvolgimento. Qui trovi l'indicazione delle persone coinvolte sulla base di Mi piace, commenti, condivisioni e clic su qualsiasi punto del post.

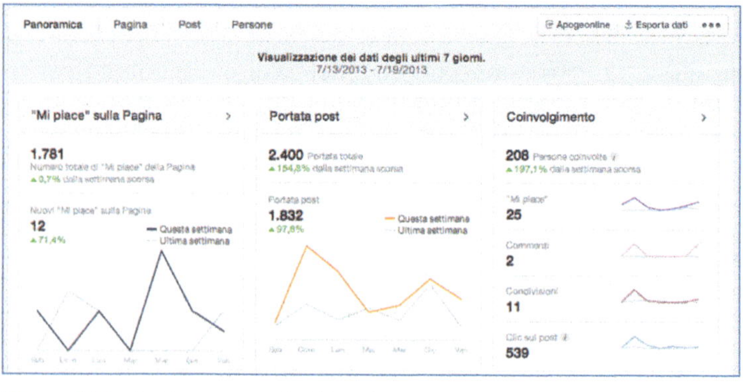

Figura 7.14 La Panoramica degli Insights ti consente di farti un'idea generica dei principali dati riguardanti le performance della tua Pagina.

Più in basso puoi vedere una tabella con i tuoi ultimi post e l'indicazione per ognuno di

- tipo: se si tratta di una foto, un video, un aggiornamento testuale;
- destinatari: se il post è visibile a tutti o è stato targettizzato sulla base di lingua o nazione;
- portata: il numero di persone che lo hanno visualizzato;
- coinvolgimento: Mi piace, commenti e condivisioni e clic sui post.

Facendo clic su ognuna di queste aree, vieni riportato alle altre sezioni degli Insights, che approfondiscono con maggiore dettaglio ogni dato.

L'area Pagina è a sua volta suddivisa in tre sottosezioni che si popolano dei dati relativi al periodo che puoi comodamente selezionare con il pannello che trovi in cima alla pagina.

Figura 7.15 Ogni area è suddivisa in sottosezioni a cui si può accedere con un clic sulle voci della barra sottostante la voce principale.

- "Mi piace" sulla Pagina. Oltre alla quantità di Mi piace totali, il secondo grafico ti indica anche il rapporto tra Mi piace e Non mi piace più; il terzo grafico ti dà maggiori dettagli della provenienza dei tuoi *liker*, in modo da permetterti di capire quali attività te ne hanno fatto guadagnare il maggior numero.

- Portata. In questa sezione puoi capire meglio quante persone hanno visualizzato i tuoi post, e quante delle tue azioni hanno portato un aumento o un decremento delle interazioni. Infine, il grafico relativo alla Portata totale ti consente di osservare le visualizzazioni che in generale ha ottenuto la tua Pagina, a prescindere dal singolo post.
- Visite. Ti è anche possibile vedere più nel dettaglio le visite alle diverse sezioni della tua Pagina. Più sotto, puoi vedere le azioni che hanno coinvolto la pagina (menzioni, post di altre persone, registrazioni). Infine, puoi vedere le fonti delle visite alla tua Pagina, in modo da capire quali siti ti portano più traffico.

Post è l'area che ti aiuta a comprendere come le persone rispondono ai tuoi contenuti, ed è quindi molto importante per fornire ai tuoi *liker* ciò che apprezzano di più. Anche quest'area è suddivisa in tre sottosezioni.

- Tutti i post. Per i post degli ultimi tre mesi, puoi trovare molte informazioni: la tipologia, i destinatari, la portata e il coinvolgimento. In cima alla lista di post, trovi dei filtri che ti consentono di visualizzare in dettaglio i dati che ti interessano di più.
- Quando i tuoi fan sono online. Qui puoi vedere il numero medio di *liker* che hanno visto i post della tua Pagina per giorno della settimana e fascia oraria. Passando il cursore su ogni giorno della settimana, puoi visualizzare l'andamento delle visualizzazioni sulle fasce orarie.

Nota

Anche se Facebook dichiara di fornire dati sulla base del proprio fuso orario, nel primo periodo di rilascio dei nuovi **Insights** si registrano anomalie legate alle fasce orarie indicate, che fanno supporre un calcolo delle visualizzazioni legato a fusi inesatti.

- Tipi di post ottimali. Puoi vedere quali contenuti hanno ottenuto le migliori performance, in modo da fare le dovute valutazioni sui motivi e cercare di orientarti meglio nella creazione del piano editoriale per la tua Pagina.

L'ultima area è dedicata alle Persone: qui puoi scoprire di più sulle persone a cui piace la tua Pagina, sulle persone raggiunte e su quelle coinvolte.

- I tuoi fan. Per conoscere meglio il tuo target, puoi valutare età e sesso e anche informazioni geografiche e lingua delle persone che hanno fatto Mi piace sulla tua Pagina.
- Persone raggiunte. Gli stessi dati forniti relativamente ai tuoi fan li puoi ottenere anche riguardo alle persone che hai raggiunto, cioè sulle persone che hanno realmente visto i tuoi contenuti anche senza aver fatto Mi piace sulla tua Pagina.
- Persone coinvolte. Allo stesso modo, puoi conoscere meglio le persone che hanno interagito in qualche modo con la tua Pagina.

Se desideri incrociare o elaborare i dati a tuo piacimento, puoi anche esportarli: in cima alla pagina trovi il pulsante Esporta i dati. Fai clic qui, seleziona il periodo che ti interessa e il formato (`.xls` o `.csv`): il file è una tabella contenente una vasta serie di dati che potrai interpretare grazie alla descrizione che trovi sotto ogni singola voce.

NOTA

Una volta individuati i dati che rappresentano meglio la riuscita delle tue attività, è bene che ti abitui a realizzare report periodici in modo da misurare anche la crescita o decrescita che la tua Pagina sta registrando e imparare dall'andamento dei dati qualcosa di più sull'utilizzo di questo canale.

Come fare pubblicità su Facebook

Per fare pubblicità su Facebook esistono principalmente due strumenti: le Inserzioni e le Notizie sponsorizzate. In generale, entrambi consentono di promuovere una Pagina o un suo contenuto specifico, un Evento, un'Applicazione o direttamente un sito web (non sono quindi necessariamente legati alle Pagine). Gli utenti appartenenti al target da te definito visualizzeranno il messaggio o l'invito a compiere un'azione (fare clic su Mi piace, rispondere a un sondaggio) accompagnato dalle azioni eseguite dagli amici relativamente a ciò che stai pubblicizzando, in modo da generare curiosità e un'esperienza personalizzata per l'utente.

Il grosso vantaggio che offre Facebook è l'elevata possibilità di targettizzazione degli iscritti, grazie al grande numero di informazioni che possiede. Età, posizione geografica, sesso, interessi: l'inserzionista può decidere esattamente a quale tipologia di persone mostrare il suo messaggio.

> **Nota**
> Anche per il tema advertising, Facebook rilascia spesso novità relative a nuove forme di investimento che rispondono a diverse esigenze. Puoi tenerti aggiornato tramite l'area dedicata di Facebook (`https://www.facebook.com/business/`).

Le possibili modalità di investimento sono principalmente due. Puoi scegliere le Inserzioni quando vuoi promuovere un contenuto a cui tieni, non necessariamente dentro Facebook ma anche al di fuori. L'Inserzione verrà visualizzata nella colonna di destra degli utenti che hanno le caratteristiche da te impostate nella creazione della campagna. L'Inserzione può promuovere la tua Pagina, se il tuo obiettivo è ottenere un maggior numero di Mi piace; oppure può portare a un contenuto specifico della tua Pagina, a cui tieni particolarmente (un evento, un'offerta, un sondaggio e così via); l'inserzione può anche rimandare a contenuti esterni come il tuo e-commerce o una pagina del tuo sito. Le Inserzioni possono essere visualizzate non solo nella home page ma anche in altre pagine a cui accedi navigando, come quelle delle Applicazioni, delle foto, dei Gruppi, delle Pagine e dei profili utente.

Figura 7.16 Un'Inserzione promuove un contenuto, dentro o fuori da Facebook.

Oltre alle Inserzioni, puoi scegliere l'opzione Notizie sponsorizzate. Le persone sono tendenzialmente più portate a intervenire dove lo hanno già fatto i loro amici.

Figura 7.17 Una Notizia sponsorizzata.

Quando una persona interagisce con la tua Pagina, la sua azione potrebbe scorrere nell'area Notizie o nel Riquadro degli aggiornamenti dei suoi amici, ma non sempre – data la natura dinamica del social network e le regole dell'EdgeRank – tutti gli amici la vedranno. Puoi quindi decidere di dare maggiore visibilità ad alcune azioni compiute dagli amici riguardo alla tua Pagina (per esempio ai loro clic su Mi piace, ai check-in nel tuo business, agli utilizzi della tua app). Le Notizie sponsorizzate verranno visualizzate dalle persone che presentano le caratteristiche da te impostate come target, nel loro Newsfeed su computer e cellulare o nella colonna di destra.

Facebook vende i miei dati personali agli inserzionisti pubblicitari?

Noterai presto che gli annunci pubblicitari sono in linea con il tuo profilo: matrimoni per le donne sui 30 anni, siti di incontri per i single, eventi sul tuo territorio e così via. Ma quindi Facebook vende le tue informazioni personali agli inserzionisti? No, la definizione dei destinatari delle inserzioni è gestita in modo anonimo: se gli inserzionisti desiderano un pubblico che ha precisi requisiti geografici, demografici o relazionali, Facebook fornisce loro il target selezionato senza associarlo a nomi o account specifici.

Puoi decidere se pagare il numero di visualizzazioni (CPM) o di clic (CPC) che l'Inserzione o la Notizia sponsorizzata riceve. Ogni volta che inizi una campagna imposti un budget giornaliero o a vita che Facebook non supererà mai.

Pagine, profili, Gruppi: le principali differenze

Per visualizzare in maniera più chiara le principali differenze tra Pagina, Gruppo e profilo utente, confronta la tabella che segue.

Caratteristiche principali	Profilo	Pagina	Gruppo
Numero massimo di amici	5000	Illimitato	Illimitato
Invio messaggi privati	Sì	No	Sì (fino a 5000 membri)
Invio richiesta contatto	Sì	No	Sì
Tag	Sì	No	Sì
Post altrove	Sì	No	No
Visualizzazione profilo amici (e relative informazioni personali)	Sì	A seconda delle impostazioni	A seconda delle impostazioni
Visibilità dei contenuti	A seconda delle impostazioni	Pubblica	A seconda del tipo di Gruppo
Statistiche	No	Sì	No

Gli Eventi

Gli Eventi sono uno strumento molto pratico, utile per raggiungere un grande numero di persone, o una lista specifica, a seconda dell'avvenimento. Trovi una voce dedicata agli Eventi nella tua colonna di sinistra.

Come comportarsi a un Evento

Quando ricevi l'invito a un Evento, questo comparirà all'interno della lista dei tuoi inviti: puoi confermare o meno la tua partecipazione tramite la finestra che si apre facendo clic nella colonna di sinistra, oppure puoi nascondere gli Eventi che non ti interessano in modo da non visualizzarli più.

Se invece entri all'interno di un Evento facendo clic sul nome, ne puoi vedere tutti i dettagli e valutare meglio se ti interessa oppure no: nella colonna di sinistra trovi (qualora l'amministratore abbia scelto di renderla pubblica) la lista di invitati suddivisi per risposte all'invito: Partecipanti, Forse e Invitati; in quella di destra puoi rispondere all'invito tramite Partecipa, Forse o Rifiuta. Non è obbligatorio rispondere a un invito, anche se è buona norma farlo soprattutto nel caso di inviti a eventi offline che qualcuno deve organizzare sulla base del numero di partecipanti.

Nel corpo centrale della pagina puoi scrivere qualcosa nella Bacheca, per esempio ringraziare dell'invito nel caso di eventi interessanti a cui però non puoi partecipare.

Come creare un Evento

Puoi creare un Evento tramite la colonna di sinistra, accedendo all'area Eventi e facendo clic su Crea evento. Le informazioni che dovrai inserire per creare il tuo Evento sono quelle che vedi nella Figura 7.18.

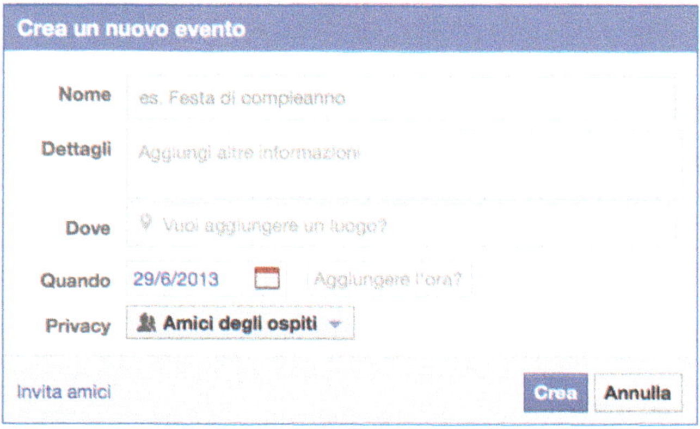

Figura 7.18 I campi da compilare per creare un Evento.

Il tuo Evento potrà essere Pubblico, aperto solo agli Amici degli ospiti o essere Solo su invito.

Una volta creato l'evento, in qualsiasi momento dal suo interno potrai modificarne le impostazioni e le informazioni, mandare un messaggio agli invitati, invitare nuovi amici, aggiungere foto e promuoverlo.

Le Applicazioni

Come anticipato nel Capitolo 3, le Applicazioni costituiscono un mondo estremamente vasto, che è difficile descrivere dal momento che ognuna è stata programmata per svolgere funzioni diverse sulla base di diversi obiettivi.

Come utilizzare le Applicazioni

Esistono Applicazioni che consentono di utilizzare il motore di ricerca di un sito di e-commerce dentro Facebook, di visualizzare Eventi in streaming o di giocare insieme ai tuoi amici.

NOTA

Quando ti rendi conto che Facebook non dispone tra le sue funzioni dello strumento che ti serve per soddisfare le tue necessità, è il momento di prendere in considerazione il mondo delle Applicazioni.

Le Applicazioni possono essere programmate a scopo di divertimento o anche per obiettivi aziendali. Per esempio, Levi's ha sviluppato nella propria Pagina "Mirror Mirror... What's my curve ID", un'Applicazione che serve per trovare il taglio di jeans perfetto per il proprio corpo rispondendo a una serie di domande sulle proprie curve. Vodafone ha invece un'Applicazione per il servizio clienti, in cui gli utenti possono descrivere il loro problema per essere ricontattati.

Lasciati guidare da Facebook quando ne incontrerai una che ti interessa, sempre consapevole che concedi l'accesso ai tuoi dati a chi l'ha sviluppata, e che le Applicazioni sociali condividono in automatico le attività che svolgi al loro interno con i tuoi amici (a meno che non le imposti diversamente, come hai imparato a fare nel Capitolo 6).

I Luoghi

Forse ti sembrerà un'abitudine quantomeno bizzarra, ma le persone online desiderano spesso dichiarare dove si trovano. Un po' come quando da adolescenti si lasciavano le scritte sui muri in gita, allo stesso modo l'esigenza di far sapere di essere stati in un determinato luogo è stata tradotta anche ai tempi di Facebook. Come? Un grosso input è stato dato dalla diffusione dei dispositivi mobili, ma anche nella navigazione da browser si può trovare una declinazione.

Marca il territorio

Puoi dichiarare la tua posizione principalmente in due modi: associandola a uno Stato, oppure effettuando un check-in con l'Applicazione mobile di Facebook in uno dei Luoghi che il tuo smartphone ti propone dopo averti geolocalizzato (potrai associarvi anche un commento).

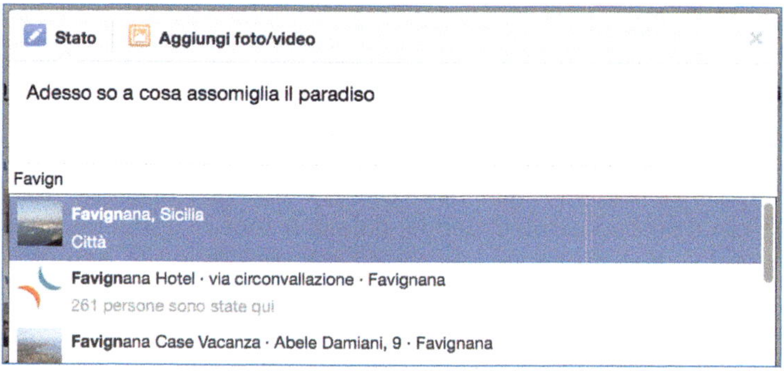

Figura 7.19 Quando aggiorni il tuo Stato dal computer, puoi aggiungere la collocazione geografica.

Così facendo, tutte le azioni che compi associate a determinati Luoghi verranno archiviate dentro il box Mappa del tuo profilo, dove potrai ripercorrere le tue storie anche su base geografica.

Esplora i Luoghi su Facebook

Tutti i risultati della digitazione nel campo Dove sei? del tuo Stato oppure i risultati della geolocalizzazione nel tuo smartphone sono Luoghi presenti su Facebook. Si tratta di Pagine dedicate a località più o meno generiche (possono essere città e strade, bar e cinema) che sono state create dagli utenti o dai proprietari, dove trovi recensioni di altri utenti e informazioni.

La Pagina relativa a un Luogo presenta una mappa che localizza con precisione la posizione del Luogo, una lista degli amici che vi si sono registrati in quel momento (se ce ne sono) e le attività degli altri amici che ci sono stati in passato. Se qualcuno reclama un Luogo a Facebook e ne prende proprietà, può iniziare ad amministrarlo come visto per le Pagine. Puoi reclamare un Luogo facendo clic su È la tua azienda? nella colonna di sinistra.

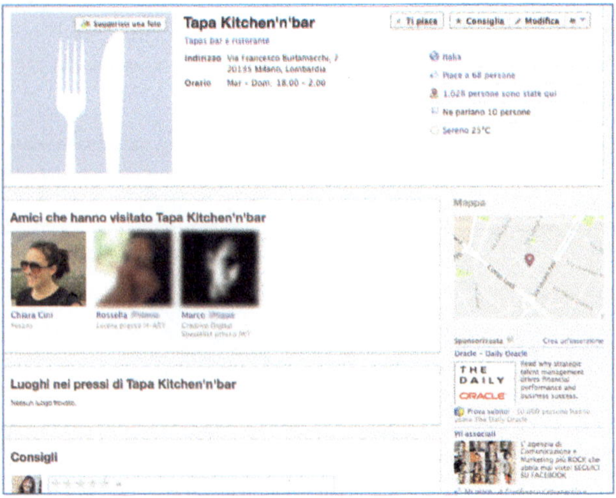

Figura 7.20 Un Luogo.